当代西方学术经典译丛

Ontologie: Hermeneutik der Faktizität

存在论：实际性的解释学

[德] 海德格尔 著

何卫平 译

人民出版社

目　录

Contents

译者序

导　言

第一节　标题“存在论”

“存在的学说”;只有整个普遍地来把握才是合理的。当作单独一门学科是不适合的——在现象学中:对象的特征来自对象的意识——对存在领域的问题的概观,从存在领域中得到所有存在的意义——因而这门课程的真正标题是:实际性的解释学。

实际性的解释学

序　言

提出问题。“影响”。

第一部分
此在在其当下性中的解释道路

实际性主题的显示性的规定。

第一章　解释学

第二节　传统的解释学概念

柏拉图:ερμηνεια ＝宣告和告知——亚里士多德:ερμηνεια＝λογος——δηλουν,αληθευειν(使理解),后来指:翻

译、注解、解释——奥古斯丁——然后解释学 = 解释的学说;施莱尔马赫:理解的艺术论——狄尔泰。

第三节　作为实际性的自身解释的解释学

本源意义上的"解释学":使本己此在在每一场合下通达自身——觉醒。理解并不将此在作为一个对象来占有,而是此在本身的一种方式——解释学的先有就是此在,即生存最本己的可能性;生存的概念是生存论的环节——先有,先把握。能在的存在特征。解释学的追问状态。"常人"——解释学的投入——并不是由我们任意占有;只在哲学的自我解释中存在。并不现代,不是为了满足哲学的好奇、讨论、公众。

第二章　实际性的观念和"人"的概念

避免"人"的概念——人的概念在传统中的双重来源:(1)在《旧约》中,人,上帝的造物;(2)理性的动物(ζωον λογον εχον)

第四节　《圣经》传统中的"人"的概念

证明:(1)《创世记》1:26,(2)保罗,(3)塔提安,(4)奥古斯丁,(5)托马斯·阿奎那,(6)茨温利,(7)加尔文,(8)舍勒。

第五节　人的神学的概念和"理性动物"的概念

甚至"理性的动物"不再根据它的源头来理解——舍勒——拥有(Λογον εχον)最初根据操劳的 πραζις(实践)的打交道来理解——信仰者与上帝的关系作为某种建构的东西[被创造的存在,堕落、恩典、荣耀的状态(status corruptionis, gratiae, gloriae)]——现在中性化为标准意识和价值意识。

第六节　作为此在在其当下性中的实际性,"今日"

主题:实际性,即在其当下的"此"中的本己的此在,可在今日中理解——误解:(1)我们的“今日的时间”之倾向;(2)在本己的我自身中的思索——而不是解释学的说明。来自克尔恺戈尔的推动——今日生活在它自己的被解释状态中:闲言,公众状态,平均状态、“常人”——面具——凡·高,大学的状况。

第三章　今日之今日的被解释状态

第七节　历史意识中的今日的被解释状态

一个时代如何看待它的过去是它在其今日中如何在此存在的一个标志(时间性)——这要从历史的精神科学方面来解读——对于它们来说,过去的此在表达的证明是在风格上统一显示出来的——文化是一个有机体——斯宾格勒——作为有机体,一切文化在价值上都是相同的;来自普遍的历史——它的方法的形态学——形态比较的分类。

第八节　今日哲学中的今日的被解释状态

哲学的任务:界定在者的整体,以及这个范围内的生命此在——首要的任务是一般地概述秩序关系的计划——这里的关系是真正的对象:与“可感现实”相对的自身永恒不变的东西——柏拉图主义或黑格尔的辩证法——克尔恺戈尔——以斯宾格勒为例——野蛮人的柏拉图主义——与“历史主义”相对立的“客观的形而上学”,普遍的秩序。

第九节　增补:“辩证法”与现象学

今日的辩证法渴望用统一的观点来看待哲学的真正对象——辩证法自认为作为更高阶段的中介知识优越于现象学,达到了非理性——相反,决定性的是对事情的基本的看——黑格尔的辩证法要靠别人过活——黑格尔的思想,诡辩;参见布伦塔诺——现象学的危险:非批判地相信明见性(Evidenzglaube)。

第十节　解释过程的概观

我们的对象:在其当下状态中的此在,“对象”——此在在受教化意识的公众状态中表达自身——闲言——哪一种存在特征在这种解释和自我拥有的方式中显现出来?

第四章　有关其对象存在的一种解释性的分析

此在总是“作为什么”被看见的?

第十一节　历史意识中此在的解释

作为某物的一种表达的过去,对风格的先—见;论证统一的保持状态——在基础工作、缘由的批判方面已经起作用的先—见——在整个文化、普遍的、客观的形式比较的秩序中相同意义的逗留——无逗留。过去的现成状态——现象特征。其实现的特征:被引导的好奇——斯宾格勒:历史必须是客观的存在——正如它拥有一个过去那样,这样被解释的此在还拥有其当前和未来——斯宾格勒对历史专门领域的影响——对艺术史的模仿。

第十二节　哲学中此在的解释

问题:哲学如何以及作为什么拥有其视野中的对象?——在当今的哲学家中没有回答——从体系本身的倾向上所看到的是:哲学是普遍的秩序——哲学的出发点:按照普遍本质来理解的时间的、具体的内容——或者纳入到构成的范围,或者体系首先在秩序中发展自身——三种哲学态度——普遍秩序整体的发展在于贯穿关系的联系,在这种联系中每一个也是它者——既—又的绝对秩序关系的基础结构——恰当的态度:普遍的活动,无处不占支配地位,绝对的好奇——在公众状态中,哲学自视为:(1)与相对主义相对立的客观性;(2)与怀疑主义相对立的普遍一致;(3)充满动力的和真实性的;(4)同时是普遍的和具体的,与详细的专门化相对立。

第十三节　解释学进一步的任务

在两种解释方式上,此在在此寻求客观、自为地拥有自身——此在活动的好奇;此在乃是这种活动,同时又在其中拥有自己。此在的被解释状态的特征是此在、生存论性质的范畴。

第二部分
实际性的解释学的现象学道路

第一章　先行考察:现象与现象学

第十四节　关于"现象学"的历史

"现象":显现自身者,对象存在的一个确定方式——在自然科学中:指经验的对象——精神科学和哲学定向于自然科学:科学理论和心理学,误以为是康德的继续——狄尔泰——相反,在布伦塔诺那里对自然科学的真正模仿:从事情本身(心理现象)那里获得的理论——胡塞尔(《逻辑研究》):现象学就是描述心理学。逻辑学的对象是在意识体验(对某物的意识=意向性)中发现的——"现象"涉及通达的方法。"现象学"是一种研究方式——错误:以数学为典范——现象概念(如其自身所显现的对象)就被窄化为意识对象——外在的影响(认识论、狄尔泰、先验唯心论、实在论等)——而且外表上普遍含糊。

第十五节　根据其可能性而作为一种研究方式的现象学

现象学力图将其对象作为如其自身现显的那样来把握,也就是为了一个观看它们的确定方式——这源于对它们的熟悉，源于传统——但这也可以是一种掩盖，所以历史的批判是哲学的一项基本任务——“现象学”的无历史性，素朴的“自明性”——回到希腊人——遮蔽属于哲学对象的存在，这就需要不断地进行道路的准备——解释学的根本任务是：将它带入到现象。

第二章　“此在是在世界中的存在”

第十六节　一种先有的形式显示

先有：作为预先确定的东西——形式显示不是一个固定意义的命题，而是走向正确的视野——凭借它来拒斥误解。

第十七节　误解

A. 主—客体模式

意识与存在——它们的关系通过认识论得到确立。无休止的讨论和伪问题，根深蒂固的。

B. 无立场的偏见

非批判的理解具有表面上的客观性——与这一点相对立：真正视位的占有。

第三章　先有的形成

第十八节　对日常状态的考察

平均化的日常状态，常人——什么是“世界”、什么“在一个世界中”、什么“在世界中存在”？——对直观说明阶段的前瞻：遭遇，意蕴，被操劳者，周围世界（空间）——操心——作为被操心的世界此在的存在（Weltdasein-Sein）——世界在最切近的当下性中相遇——逗留。

第十九节　对日常世界的一种错误描述

作为物质空间事物的日常现实的物——这作为基础层面，价值附加于其上——但是，意蕴是一个存在特征——针对上述理论，现象学批判解构的四个方面。

第二十节　根据逗留的与世打交道来描述日常世界

与周围世界相同的作为遭遇特征的现象——错误的描述最终回到巴门尼德，通向思想的存在——意向性。

第四章　作为世界的相遇特征的意蕴

第二十一节　意蕴的分析(第一稿，没有在课堂上讲授)

意蕴：遭遇的作为什么和如何——带有其被给予的展开状态——（1）现成状态的展开（上手状态，用于），日常状态和时间性；（2）共同世界；在日常状态中不同的“人本身”未凸显——遭遇的此在的意蕴——此的特征——认识论的根深蒂固。

第二十二节　意蕴的分析(第二稿)

“纯事情”的世界的此在之意蕴——分析的过程。

第二十三节　展开状态

A. 现成状态

遭遇者用于此的此在(Dazu-dasein)不是后来给予的，而是它发现了此在、现成状态的存在。

B. 共同世界的显现

与常人有关的他者也在日常的遭遇中在此存在，而且与他们一起，“人自身”没有得到反思和自我审视。

第二十四节　熟悉状态

熟悉状态:指引联系,在这种联系中“人”熟知自身。

第二十五节　不可预计的和比较的东西

根据未突显的熟悉状态,陌生的东西本身强行突入;干扰的、偶然的、不可预料的、“比较的”。

第二十六节　世界的遭遇特征

此在者(世界)以操劳的方式相遇——被操劳者:我们关心和参与的是:此在已完成的东西;本己的时间性,此在的契机学要素——操心展开状态的指引联系;在其中打交道开启周围性、空间性——在世界中存在就是操心,而不是与其他东西一起存在——在操心之此中,生命操心它自身——操劳、周围世界、共同世界和自身世界在日常交道中作为世界的相遇方式在此出现——在其平均状态、公众状态中的周围性——在它们中,操心掩盖了自身——无操心状态,基于此的某种困境可能会爆发——一种操心方式的好奇;掩饰——它的伪装——此在的一种基本现象的操心。

附录:插入和增补

(所有这些插入页的标题都是海德格尔给予的)

一、对一种实际性的解释学的研究(1924 年 1 月 1 日)

(关于第 15 节、第 19—20 节)

计划(为一种研讨?):对当下具体研究所做的历史的解构。

二、主题(1924 年 1 月 1 日)(关于第 7—13 节)

主题:今日;在哲学和历史意识中。胡塞尔、笛卡尔、希腊人;狄尔泰。

三、来自概述(1924 年 1 月 1 日)(关于第 7—13 节,第 14—15 节)

从现象学这门学科出发?最好:从今日出发,解构。——补充(1924 年 4 月 1 日):或者说从作为可能性的现象学出发!

四、解释学与辩证法(关于第 9 节)

解释学通过一种新的概念去把握更彻底的可能性。

五、人的存在(关于第 4—5 节、第 2 节、第 14 节)

哲学的实现方式和到时方式是:滞留于……。最彻底的追问状态。

六、存在论;人的本性(Natura hominis)(关于第 4—5 节、第 13 节)

活动只能从滞留中理解。

七、投入(关于第 3 节,第 18 页)

此在"作为什么"预先被把握和源于自身解释、源于此在自为的觉醒。

八、实行(关于序言)

详尽论述。

九、现象学(关于第 9 节,第 37 页)

十、正义的人(Homo iustus)(关于第 4—5 节)

人源于恩典(gratia conditus);通过有罪的堕落而被逐入到痛苦和死亡中。

十一、论保罗(关于第 4—5 节)

肉体—精神;作为实际性的方式的"什么"。

十二、意指(关于第 22 节)

操心让意指者作为一个在者相遇。此的特征。

译者序

20 世纪末,随着海德格尔早期著作的陆续编辑出版,引起了西方学术界对海德格尔早期思想研究的热情和兴趣,不少有分量的成果相继发表出来,推动了国际海学整体水平的提高。在海德格尔早期思想中,《存在论——实际性的解释学》具有重要的地位。它是海德格尔 1923 年夏季学期讲座,属于其弗莱堡早期的思想,后收入作者德文版《海德格尔全集》第 63 卷,1988 年出版①,1999 年出了英文单行本。海德格尔讲授这门课时,时年 34 岁。

一

我们知道,海德格尔的学术生涯可以自然分为三个时期:弗莱堡早期(1915—1923 年),马堡时期(1923—1928 年)和弗莱堡晚期(1928—1976 年)。弗莱堡早期是海德格尔思想的开端,

---

① Heidegger, *Ontologie(Hermerneutik der Faktiztät)*, *Gesamtausgabe*, Band 63, Vittorio Klostermann, 1995. 以下简称"德文版"。

尤其最后几年已走向成熟。现代新解释学应当以海德格尔1919—1923年的系列讲座(Vorlesungen)和研讨班(Seminare)为起点,因为海德格尔这一时期的研究主题就是"实际性的解释学"①,而1923年夏季学期的讲座《存在论——实际性的解释学》是这一阶段带有总结性的文献,它第一次提出了理解由认识论向本体论转变的问题②。可以说,利科所谓的解释学的"第二次哥白尼革命"是从这里开始的,而不是从马堡时期的《存在与时间》才开始。海德格尔的"实际性的解释学"(Hermerneutik der Faktiztät)的提出当属西方解释学史上一个划时代的事件,它不仅开辟了现象学研究的新领域,而且也开辟了解释学研究的新方向。

海德格尔弗莱堡早期的解释学思想主要和集中体现在这个讲座中,它在思想上具有承先启后、继往开来的性质和意义。我们一方面可将其视为弗莱堡早期主要哲学思想的总结,另一方面可将其看做是从弗莱堡早期思想到马堡思想的过渡。三年后(即马堡时期)的《存在与时间》充分吸取了前一个时期的研究成果,包括这个讲座。其实,海德格尔前期的此在与存在的关系,从根本上就体现为现象学的解释学,这充分表现在他的这样一句话上:此在是存在意义显现的场所。当海德格尔谈到此在这个特殊的在者不同于其他在者时,指出它要追问存在的意义,这个对意义的追问本身就是解释学的本源。

构成这一时期对海德格尔影响最大的思想家主要有路德、

① 参见 James Risser, *Hermeneutics and the Voice of the Other*, State University of New York Press, 1997, p. 40.

② 同上,p. 5.

亚里士多德、克尔恺戈尔和胡塞尔①。路德所开创的新教相对旧教来说，更强调人的个性，他对亚里士多德突出理论智慧的批判、对玄思的批判影响了海德格尔，而亚里士多德的实践智慧、克尔恺戈尔孤独的自我，胡塞尔的现象学方法同样如此。我们可以从《存在论——实际性的解释学》中明显地看到这些因素的存在，它们对海德格尔思想的成熟起到了不可忽视的推动作用。

尽管海德格尔生前没有出版这部讲义，但它不仅在海德格尔思想发展中具有重要意义，而且在整个西方解释学史上也占据着重要地位。虽然由于迟到的发表，在学术界这种地位带有某种“追认”性（类似 19 世纪才出版的达·芬奇的笔记在西方早期近代哲学史中的地位一样），但在学生和弟子的心目中，海德格尔“秘密哲学王”（阿伦特语）的地位早在弗莱堡早期的最后几年（1919—1923 年）②就已经奠定了，至于后来马堡时期发表的《存在与时间》，只不过是这位“秘密哲学王”从幕后走上了前台。可见，海德格尔在哲学上的名声首先是通过他的教学，而不是他的著作建立起来的。正如听过这门课程的海德格尔著名的犹太学生阿伦特后来说，如果没有先前教学的成功，《存在与时间》的发表能否产生后来那样大的影响还是一个问题，在他当时的学生们看来，“此书的成功只不过证实了他们已经知道的关于这位老师的东西”③。可见海德格尔的《存在与时间》的基本思想在弗莱堡早期最后几年就已基本形成，否则他不可能

① 参见海德格尔：《存在论——实际性的解释学》，德文版，第 5 页。

② 参见海德格尔：《形式的现象学：海德格尔早期弗莱堡文选》，孙周兴编译，同济大学出版社 2004 年版。

③ 转引自张祥龙：《海德格尔传》，商务印书馆 2007 年版，第 130—131 页。

为了评教授在那样短的时间里写出这样的巨著并旋即产生广泛的影响。这部划时代的杰作不过是海德格尔多年原创性教学的积累、探索和思想实验的升华与结晶。

1923年夏季学期的讲座《存在论——实际性的解释学》所产生的巨大影响与“那托普报告”不相上下①,它们交相辉映。如果说,海德格尔这个讲座按伽达默尔的讲法乃是“实际性解释学”的纲要②,那么他的《存在与时间》就是这个纲要的进一步具体的展开,无怪乎海德格尔称这个讲座为《存在与时间》的“第一个笔记”(草稿)③,不过后者直接、正面讲到解释学的地方很少④,而《存在论——实际性的解释学》则要突出得多,并且还提供了一个重要的解释学史纲,这是《存在与时间》所没有的。

如前所述,弗莱堡早期是海德格尔思想的开端。在这期间,他与胡塞尔是同事,也是师生关系,不仅担任过胡塞尔的助手,在现象学方面得到了很好的训练,而且已开始自觉地运用现象学的方法进行广泛的哲学研究和教学,仅从这个时期他的不少讲座和手稿的内容甚至标题就可以看出来,例如:《现象学与先验价值哲学》(1919年夏季)、《现象学的基本问题》(1919—1920年冬季)、《表达直观的现象学》(1920年夏季)、《宗教现象

① 参见吕迪格尔·萨弗兰斯基:《海德格尔传》,靳希平译,商务印书馆1999年版,第167页。

② 参见伽达默尔:《诠释学Ⅱ:真理与方法》,洪汉鼎译,商务印书馆2007年版,第391页。

③ *Gesamtausabe*, Vol. 12: *Unterwegs zur Sprache* (Frankfurt: Klostermann, 1985), pp. 19, 10－11, 115, 90;英文版,*Poetry, Language, Thought*, trans. Albert Hofstadter(New York: Harper & Row, 1971), p. 199, 190－192, 以及 On the Way to Language, Peter D. Hertz 译(New York: Harper & Row, 1971), pp. 29, 9。

④ 主要有两处:导论中的第2章第7节(“探索工作的现象学方法”),但里面只讲了半页(参见中文修订版,第44页),第31节(“在此作为领会”)、32节(“领会与解释”)。

学导论》(1920—1921年冬季)、《对亚里士多德的现象学的解释》(1921年夏季)、《对亚里士多德存在论和逻辑学文选的现象学解释》(1922年夏季)等。现象学于他就是一种工作哲学,而不只是研究的对象,也就是说,他将现象学不是作为一种哲学体系,而是作为一种哲学方法来对待,并身体力行于他所关注的事情(Sache)的研究上。

除了现象学外,解释学也是弗莱堡早期海德格尔关注的对象。我们知道,1917年海德格尔集中研究了施莱尔马赫和狄尔泰的思想。同现象学一样,解释学不是他有意寻求的,而是他的问题(Frage)所遭遇到的。海德格尔最初是通过神学注意到施莱尔马赫的,而施莱尔马赫的解释学思想主要是通过狄尔泰阐发出来的,在这方面,施莱尔马赫影响了狄尔泰,而狄尔泰反过来影响了施莱尔马赫的影响。当然,相对施莱尔马赫来讲,狄尔泰对海德格尔的影响更大。

在海德格尔以前,解释学与现象学之间没有什么联系,这两个领域的代表人物狄尔泰和胡塞尔虽然都曾看到过对方的价值并相互有好感,彼此也有沟通的愿望,但终因立场不同,最后分道扬镳,没能融到一块。而海德格尔在弗莱堡早期的最后几年,已在更高的层次上基本完成了现象学与解释学的结合,也就是胡塞尔与狄尔泰的结合。这种结合的成果集中体现在他的"实际性的解释学"中。

据马堡时期的海德格尔讲,"实际性的解释学"是他在1919—1920年以来的课程中反复谈到的内容①。如前所述,这

① 参看海德格尔:《存在与时间》(修订本),陈嘉映、王庆节译,三联书店2000年版,第85页,注1。

一段时间，海德格尔既关注现象学，也关注解释学，并最终将这两者统一起来了。他说，现象学的直观也就是解释学的直观，因为这种直观"使……变成可理解的、赋予意义的"①。对他来讲，实际性的解释学，也就是存在论的现象学的解释学或解释学的现象学。这个时期，海德格尔开始将胡塞尔现象学从意识领域引向生活世界的领域，这方面明显地可以看到狄尔泰的历史生活哲学（生命哲学）对他的积极影响。

胡塞尔与狄尔泰的结合、现象学与解释学的结合，至少有两个方面的意义：从现象学来说，它开辟了现象学运动的一个极重要的分水岭，扭转了现象学先验唯心主义的走向（胡塞尔）；从解释学来说，它产生了一场"哥白尼革命"：将解释学纳入到他的基础存在论，扭转了解释学方法主义的走向（施莱尔马赫、狄尔泰）。这个革命并不是从《存在与时间》中开始的，而是在早期弗莱堡的最后几年就已经开始了，并且明朗化了，只是尚未达到马堡时期的《存在与时间》那样深入、细致、全面的程度。不过要指出一点，虽然海德格尔的实际性解释学是现象学和解释学的结合，狄尔泰与胡塞尔的结合，但它绝不是二者简单的拼凑或机械的相加，而是在存在论层面上的统一。

下面我们就来具体揭示一下《存在论——实际性的解释学》中的几个关键词和关节点。

二

首先看一看这个讲座的名称"Ontologie（Hermeneutik der

---

① 海德格尔：《形式的现象学：海德格尔早期弗莱堡文选》，孙周兴编译，同济大学出版社2004年版，第19页。

Faktizität)"["存在论(实际性的解释学)"]。海德格尔的整个讲座是从对标题的说明开始的,并围绕着这个标题展开的,其基本思路是这样的:先谈到"存在论",接着谈到"实际性",再谈到"解释学",然后,谈到它们三者之间的关系。可以说,最初的三节是这部"实际性解释学的纲要"的纲要。他所理解的存在论(本体论)不是传统意义上的对象理论,而是对作为存在者的此在的存在意义的追问,"实际性"指的就是人的此在,而实际性的解释学与此在自身的解释有关。这个标题至少涉及两个问题:1. 存在论(本体论);2. 存在论、逻辑学和解释学之间的关系。

首先,何以会是存在论(本体论)?除了海德格尔从少年时代起由于某种哲学的好奇和机缘就产生了对这个问题的兴趣外,这里还有一个重要的历史背景值得一提,那就是19世纪末至20世纪初德国本体论的复兴(即形而上学的复兴)。我认为,在大方向上,海德格尔的哲学实际上从属于这种复兴(包括由他开启的德国亚里士多德主义的复兴也从属于这种本体论的复兴),它恰恰是对近代自笛卡尔以来一直到新康德主义占主导地位的认识论哲学的反拨,只不过海德格尔走的是一条新路子,这个路子的前提是建立在对"本体论差异"的明确意识上,而与别人不同(如尼古拉·哈特曼①)。他所探讨的仍然是本体论,因为本体论在西方自古以来就是关于存在的学说,海德格尔这个讲座一开始就承认了这一点②,只不过对存在的理解有所不同罢了。

① 参见尼古拉·哈特曼《存在学的新道路》,庞学铨、沈国琴译,同济大学出版社2007年版。

② 参见海德格尔:《存在论——实际性的解释学》,德文版,第1页。

如此说来,海德格尔探讨的仍然是形而上学问题(本体论或存在论问题),是形而上学的基础问题,只不过是非对象的本体论,而不是对象的本体论;是存在的本体论,而不是存在者的本体论;是"如何"的本体论,而不是"什么"的本体论。海德格尔对尼古拉·哈特曼的批评在于后者仍然没有摆脱一种"批判的实在论"的倾向①。所以要说海德格尔对传统形而上学的超越,那只能是在"存在者"的意义上,而不是在"存在"的意义上,在"什么"的意义上,而不是在"如何"的意义上,在"对象"的意义上,而不是在"非对象"的意义上。至于本讲座对当时的"本体论复兴"("形而上学复兴")持鄙夷的态度②也应当从这个方面去理解,而不能从别的方面去理解。因为如果真正离开了存在论(本体论)或形而上学,不仅没有了一般哲学,恐怕也没有了海德格尔后期所追求的那种"思"。所以说,海德格尔毕生致力于的仍然是与形而上学的基础或土壤有关的工作③,他早期强调的是以此在为核心的基础本体论,后期强调的则是存在本身。海德格尔的弟子伽达默尔晚期还以赞赏的口吻引用黑格尔《逻辑学》中的话:一个民族没有形而上学,就像一个神庙没有祭坛一样④。所以在我看来,海德格尔这个讲座的标题——"本体论"(存在论)既与他所关注的问题有关,也与这样一个背景有关。

---

① 参看海德格尔:《存在与时间》(修订本),陈嘉映、王庆节译,三联书店2000年版,第240页,注1。

② 参见海德格尔:《存在论——实际性的解释学》,德文版,第5页、第72页。

③ 参见海德格尔:《"什么是形而上学"后记》,载《路标》,孙周兴译,商务印书馆2000年版。

④ 参见伽达默尔:《科学时代的理性》,薛华等译,国际文化出版公司1988年版,第46页。

其次,存在论、逻辑学和解释学的关系。德文版的“Ontologie”是课程的名称,而这门课具体讲授的内容或标题则用括号括起来,即“Ontologie(Hermerneutik der Faktiztät)”[“存在论(实际性的解释学)”]。英文版根据内在的意义和联系将其翻译成“Ontology——Hermeneutics of Facticity”,突出了海德格尔旨在建立一种“存在论的实际性的解释学”(the ontological hermeneutics of facticity)①,或者说,他要表明他所理解的“存在论”与传统不一样,它就是“实际性的解释学”②。

这里有一个小插曲,海德格尔原打算要上的课程名称并不是“存在论”(本体论),而是“逻辑学”,由于弗莱堡大学哲学系已有另一位教授使用了这个名称,为了避免重复,于是海德格尔就选了现在这个标题,表面上看,这有点“歪打正着”,其实这种偶然性的背后存在着必然。因为在海德格尔眼里,逻辑学与存在论是有联系的,这个联系可以追溯到亚里士多德,后者的《工具论》中的第二篇——《解释篇》就属于逻辑学的著作,而逻辑学在他看来就是研究存在的表达或话语,研究解释,从这个角度看,逻辑学也就是解释学,这就是为什么海德格尔十分看重亚里士多德《工具论》中的“解释篇”的原因。

存在论、逻辑学和解释学三者的关系是海德格尔从亚里士多德那里“读出”来的:“逻辑学”(logic)与“逻各斯”(logos)有关,因为“逻各斯”乃关于存在的“话语”,是关于存在话语的研究,而这种存在的话语与解释相关联③,这样存在论、逻辑学与

① Heidegger: *Ontology——Hermeneutics of Facticity*, Indiana University Press, 1999, p. 91.(以下简称“英文版”)

② 参见海德格尔:《存在论——实际性的解释学》,德文版,第3页。

③ 参见海德格尔:《存在论——实际性的解释学》,英文版,尾注1,第101页。

解释学就在本源上统一起来了。不过要说明的一点是，这里的逻辑学指一种“本源逻辑学”（Ursprungslogik）①，而不是指中世纪和近代以来的那种方法论、工具论意义上的逻辑学②。

关于存在论、逻辑学和解释学三者的关系早在前一年，即1922年的“纳托普报告”中就已涉及了，只不过没有详细展开③，当然本讲座也没有细说。但1922年夏季学期，海德格尔已开设过一门课程：《对亚里士多德存在论和逻辑学文选的现象学解释》④，并有出版这方面著作的打算，虽然最后并未实现，但至少说明，在《存在论——实际性的解释学》之前海德格尔已做过相关的亚里士多德的研究。这样他将原课程名称“逻辑学”换成“存在论——实际性的解释学”也就顺理成章了，这里包含有存在论、逻辑学和解释学相统一的思想。美国学者约瑟夫·科克尔曼斯说得好，对于海德格尔来讲，“实际性的解释学的观念既包括逻辑学的任务又包括存在论的任务”⑤。而为了避免传统的逻辑学和存在论的用法，海德格尔认为这门课程最好称做“实际性的解释学”，因为他理解的存在论和逻辑学就是“实际性的解释学”，换言之，这部讲座的真正标题就是它的副标题，而且存在论必须是实际性的解释学。海德格尔的学生、德国极富盛名的海德格尔和黑格尔两个领域的专家O.帕格勒

---

① 海德格尔：《形式的现象学：海德格尔早期弗莱堡文选》，孙周兴编译，同济大学出版社2004年版，第94页。

② 尽管后来有人试图从这个角度来谈解释学与逻辑学的关系，但并不占主导地位，而且也遭到过伽达默尔的反对。

③ 参见海德格尔：《形式的现象学：海德格尔早期弗莱堡文选》，孙周兴编译，同济大学出版社2004年版，第76页。

④ 现收入海德格尔的《全集》，德文版，第62卷。

⑤ 约瑟夫·科克尔曼斯：《海德格尔的〈存在与时间〉》，陈小文等译，商务印书馆1996年版，第32页。

(Otto Pöggeler)将这个标题译作"存在论或实际性的解释学"(*Ontologie oder Hermeneutik der Faktizität*)①,而英文版将其译作"存在论——实际性的解释学"(*Ontology——Hermeneutics of Facticity*),都有这个意思在里头。

这个副标题中的"Faktizität"在德文中有"事实"、"实际情况"的意思,它与"Logizität"(逻辑性、纯推理)相对。"Faktizität"在海德格尔那里有特定的用法,它不是指一般科学意义上的事实,而是指具体的此在,即生存或人的实际生活,因此,"实际性的解释学"也就是"此在的解释学","生存的解释学"或"生存论存在论的解释学",再具体一点就是"此在的现象学的解释学",抑或"此在的解释学的现象学"。这个名称中的所有格——"实际性的"——包含两层意义:客观的和主观的。客观的系指,这种解释学以实际性作为它探讨的对象,它是实际性的解释学。主观的系指这种解释学是实际性自身的解释②,而不是外在加到上面的解释,所以它同传统的以文本为中心的方法和方法论解释学根本不同。

在此之前的海德格尔的"那托普报告"就已明确形成了这样的观点:哲学的对象是人的此在,也就是根据人的存在来探寻人的此在,并且这种追问不是外在的,而是根据此在的或实际生活的基本运动(活动)(Bewegung)③。显然,这个思想也与这个阶段他对亚里士多德的解读有关。在海德格尔看来,哲学无非是把握涉及生命本身及其存在的基本运动(活动)并将其纳入

① 参见 Otto Pöggeler, *Heidegger in seiner Zeit*, München, 1999, S. 119.

② 参见海德格尔:《存在论——实际性的解释学》,英文版,尾注1,第102页。

③ 参见海德格尔:《形式的现象学:海德格尔早期弗莱堡文选》,孙周兴编译,同济大学出版社2004年版,第78页。

到范畴的结构之中①,这个词非常关键。

在本讲座里,“Faktizität”这个最基本、最重要的概念,被界定为“‘我们的’‘自己的’此在的存在特征”②。海德格尔后来在《存在与时间》里对它作了更加详细和全面的说明,其中主要有下面三段话集中讲到了这个词的含义:

此在在某一种“事实上的现成存在”的意义下领会着它最本己的存在。然而自己的此在这一事实的“实际性”在存在论上却根本有别于某种岩石事实上的搁在那里。只要此在存在,它就作为实际而存在着。我们把此在的这一实际性称作此在的实际性③。

实际性不是一个现成的东西的 factum brutum[僵硬的事实]那样的事实性,而是此在的一种被接纳到生存之中的……。实际之为实际的‘它存在着’从不摆在那里,并不由静观来发现④。

此在不断地比它事实上所是的“更多”。但它从不比它实际上所是的更多,因为此在的实际性本质上包含有能在。然而此在作为可能之在也从不更少,这是说:此在在生存论上就是它在其能在中尚不是的东西⑤。

从上述的引证中,我们可以将海德格尔的作为此在的存在特征的“实际性”的内涵概括如下:此在与其他在者一样都有自己的事实性,但此在不同的事实性在于它不是既定现成的、固定

① 参见海德格尔:《存在论——实际性的解释学》,英文版,尾注1,第101页。

② 海德格尔:《存在论——实际性的解释学》,德文版,第7页。

③ 海德格尔:《存在与时间》,(修订本),陈嘉映、王庆节译,三联书店2000年版,第65页。

④ 同上书,第158页。

⑤ 同上书,第170页。

不变的、僵硬地摆在那里并由静观来发现的东西，它是一种超越性的生存，更多表现为一种可能性。为了区别这两种不同的事实性，海德格尔用一个源自拉丁语的词"Faktizität"来表示前者，而用"Tatsache / Tatsächlichkeit"来表示后者[①]。我们将"Faktizität"译成"实际性"，将"Tatsache / Tatsächlichkeit"译成"事实性"。

此外，海德格尔在《存在与时间》中已明确地将实际性与此在总是已在世界中存在的"被抛性"联系起来，并强调"生存总是实际的生存。生存论结构本质上是由实际性规定的"[②]。这个思想在1923年夏季讲座中就已初步形成了。

通过以上对举，我们可以看到"Faktizität"这个概念在《存在论——实际性的解释学》和《存在与时间》中一脉相承，只是后者比前者表达得更加精致、更加具体、更加完备。"Faktizität"这个词只与人有关，与人的世界有关，而与一般的物无关。

和"Faktizität"相联系的另一个词是"Leben"（生命/生活）。众所周知，"Leben"是狄尔泰哲学的核心概念，而海德格尔早期深受狄尔泰的影响[③]，这在本讲座中明显表现出来了。我们知道，狄尔泰具有两面性：他的解释学处于古典和现代之间、方法论和本体论之间，虽然前一个方面较之后一个方面更突出并占主导地位。在狄尔泰那里，"Leben"这个词不是从生物学的角度看待的，而是从形而上学和历史来看待的。他所理解的"Leb-

① 参见 Michael Inwood, *A Heidegger Dictionary*, Blackwell, 1999, p. 218.

② 海德格尔：《存在与时间》，（修订本），陈嘉映、王庆节译，三联书店2000年版，第222页。

③ 此外，海德格尔一生也连带地受过狄尔泰的友人约克伯爵的影响，《存在与时间》曾多处谈到这个人物。

en"主要既指人的精神状态——有意识的和无意识的，又指构成我们的历史的表达和创造性的活动。在这方面，以狄尔泰（还有齐美尔等）为代表的德国生命哲学更多与人的历史的社会生活联系在一起，而和法国柏格森的生命哲学有着很大的不同，后者更多体现为一种自然的生命，生物学意义上的生命，和德国传统不一样。

在海德格尔早期的讲课中，他曾说，狄尔泰的"Leben"在某种意义上接近他所要表达的"Dasein"。对于他来讲，人的生活就是人的世界。我们不能逃避生活，也不能在生活之外进行观看和思考。生活是"自足的"，它以自己的语言表达自身并拥有意义。海德格尔强调"我们必须从历史内并通过历史去理解生活，而不是专注事物的意向经验"①。另据当年参加过这门课程以及亚里士多德研讨班的伽达默尔回忆，他一开始就听到海德格尔这样的句子："'生命'（Leben）='此在'（Dasein），在生命中并通过生命存在。"②这也可作为一个佐证。

然而由于"Leben"在表达上的模糊性，再加上为了更明确地突出与存在论（本体论）的关系，海德格尔最后找到了"Dasein"这种表达形式。它能更好、更直观地展现一种特殊的在者"Dasein"（此在）与"Sein"（存在）之间的关系。这既能同存在论联系起来，又能同现象学联系起来，而且体现出一种本源的解释学。"Leben"这个概念显然做不到这一点，它不容易和生物学意义上"生命"区分开来，不能很好地涵盖人的此在（Dasein）与存在（Sein）之间的关系，即此在是存在意义的显现之"所"

---

① 转引自 Michael Inwood, *A Heidegger Dictionary*, Blackwell, 1999, p. 118 – 119.

② 参见 Gadamer, *Gesammelte Werke* 3, Tübingen, 1987, S. 422。这句话见于海德格尔：《全集》，德文版，第 61 卷，第 85 页。

(Da-sein),因而在后来的《存在与时间》中,生命不再是海德格尔的一个主要概念,而经常代之以“实际性的此在”(Das faktische Dasein)或“实际生存的此在”(das faktisch existierende Dasein)、“在—世界中—存在”(In-der-Welt-sein)之类的表达①。但在弗莱堡早期,包括最后一次讲座《存在论——实际性的解释学》,“Leben”这个词是经常出现的,它是作为“此在”、“生存”、“实际性”的同义词或近义词来使用的②。有时为了明确的区分,他就用“faktisches Leben”(实际生活/实际生命)来表达,也就是说,他的“实际性”指的就是人的生命或生活的实际性(Faktizität des Lebens)③,即“此在”。他的现象学和解释学总是同人的生活(或生命)联系在一起的,这多少表明海德格尔同德国生命哲学(尤其是狄尔泰的生命哲学)之间的联系。所以也有德国学者将1919至1923年这个时期称为海德格尔的“生命哲学阶段”(lebensphilosophische Phase)④。

海德格尔在弗莱堡早期还提出了一个重要概念:“Destruktion”(解构)。“解构”与“形式显示”有关。它具有现象学的意义,海德格尔这个阶段的现象学是形式显示的现象学,而他的形式显示的现象学也就是“形式显示的解释学”(formal anzeigende Hermeneutik)⑤。“形式显示”(formal Anzeige)同样属于海德格

---

① 参见 Heideger, *Sein und Zeit*, Max Niemeyer Verlag, Tübingen 2006, S. 356, 361, 364, 367.

② 参见海德格尔:《存在论——实际性的解释学》,德文版,第81页。

③ 参见 Otto Pöggeler, *Heidegger in seiner Zeit*, München, 1999, S. 48.

④ 参见 Michael Großheim, *Von Georg Simmel zu Martin Heidegger*, Berlin 1991, S. 3.

⑤ 参见 Otto Pöggeler, *Heidegger in seiner Zeit*, München, 1999, S. 19 – 22, 47, 255.

尔早期的一个核心概念①,它来自于胡塞尔的《逻辑研究》的第一研究的论“表述”思想②。

“现象学的解构”是海德格尔早期所理解的现象学方法中的三个环节之一,另外两个为“现象学的还原”、“现象学的建构”。他所谓的解构并不是消极的否定和破坏意义上的(如后来的德里达所突出的那样),它的目的恰恰在于一种建构,一种对存在的原始经验的占有,海德格尔在《现象学的基本问题》中讲得比较清楚,他说,现象学有三个基本环节:还原、建构和解构。解构不是消极的,而是积极的,“解构属于建构”③。它的作用在于去蔽,只有通过打破传统的板结、僵化的状态所造成的遮蔽,事情本身的意义才能够显现出来,或者说被解放出来,犹如柏拉图的“洞喻”中被缚的奴隶走出洞穴见到本真世界一样。这种解构也就是一种批判,但本着现象学的精神,这种批判不能是基于一种理论前提或原则的批判,而只能是通过回到直观的原始生活的经验中来实现这一点,因此,这种现象学的解构又是一种无前提的批判或无原则的批判,当然这种无前提的批判中的“无前提”不是要追求一种独立自在(An-sich)意义上的事情本身(Sache selbst),即我们所谓的“见物不见人”的那种客观

---

① “formale Anzeige”(形式显示或形式指引),海德格尔早期的一个核心概念,它是一个来自胡塞尔又具有海德格尔特色的现象学方法。其具体含义可参看张祥龙《海德格尔传》,商务印书馆 2007 年版,第 92 页以下、孙周兴编译的海德格尔:《形式的现象学:海德格尔早期弗莱堡文选》,同济大学出版社 2004 年版,编译者序,第 1—21 页。

② 参见海德格尔:《存在论——实际性的解释学》,英文版,尾注 1,第 103 页。另参见胡塞尔:《逻辑研究》,第 2 卷,第 1 部分,倪梁康译,上海译文出版社 1998 年版,第 26 页以下。

③ Martin Heidegger, *The Basic Problem of Phenomenology*, Indiana University Press, 1975, p. 23.

性,而是仍然要从我们的先把握出发,海德格尔说得好,“现象学的无前提仍标志着一种态度和方向”①。

本讲座有两个突出的现象学的解构的例子:一个是从一开始,海德格尔就对“本体论”(存在论)这个概念做了某种“拆解”的工作:既没有完全抛弃它,又通过回到存在的源始经验将它同西方传统形而上学意义上的本体论区分开来了,这里面包括对存在本身意义的恢复,尽管这个阶段是以作为在者的此在的存在意义为中心。另一个是在讲实际性的“此在”这个概念时,海德格尔用了两节(第4节和第5节)对在西方古希腊和基督教传统观念融合的基础上所形成的有关人的“僵硬”观念进行了解构,因为不拆解这种观念,我们便无法真正“看”到“此在”本身的意义。

由此可见,海德格尔眼里的现象学,重要的不是构造思想,而是拆解遮蔽物,以便让事情本身显现出来,从而让人看到事情的本来面目,海德格尔认为这是现象学的重要发现②。这里的“解构”实际上就是他后来所说的“去蔽”、“让显现”。现象学的解构也就是一种现象学的批判,即一种无前提的批判或无原则的批判,它是一种批判性的拆解(Abbau),为的是让存在的可能性展露出来。这样解构就从属于他的解释学的现象学或现象学的解释学③,它也就回到海德格尔赋予它的本义:去蔽,开显,释放,给意义“松绑”、让其自由地解放出来。这既与现象学的

① 参见海德格尔:《存在与时间》,修订版,陈嘉映、王庆节译,三联书店2000年版,第26—27页。另参见海德格尔:《形式的现象学:海德格尔早期弗莱堡文选》,孙周兴编译,同济大学出版社2004年版,第27页。

② 参见吕迪格尔·萨弗兰斯基:《海德格尔传》,靳希平译,商务印书馆1999年版,第118页。

③ 参见海德格尔:《形式的现象学:海德格尔早期弗莱堡文选》,孙周兴编译,同济大学出版社2004年版,第26—27、55页。

本义有关，也与解释学的本义有关，而这就是他的现象学的解释学实质，正是基于此，海德格尔说，“解释学就是解构”①。

若从这一点看，后来的伽达默尔与德里达之争，即解释学与解构论之争就有了通融的可能，这样讲并非没有根据，其源头可以追溯到海德格尔。由此进一步推广开来，我们甚至有理由认为，当代解释学的几个重大争论——德国内部之争（伽达默尔与哈贝马斯）和德法之争（伽达默尔与德里达）都可以通过在一个更高阶段重新回到海德格尔而达到一种辩证的统一。因为伽达默尔、哈贝马斯和德里达所代表的传统、批判和解构在海德格尔思想中都可以找到，而且他们都和海德格尔有着某种亲缘关系。

本书还有一点值得注意，那就是海德格尔根据实际性的解释学的概念，所提出的一个解释学史纲，尽管这个史纲过于简略、粗糙，但意义却非同寻常，它与1900年发表的西方第一部解释学史——狄尔泰的《解释学的兴起》中的观点大相径庭，有几点十分重要和独到：

一、海德格尔将解释学与现象学相结合也体现于他的解释学史观中，他是在用一种现象学的眼光来透视解释学史。这主要表现在，他明确地将解释学和古代的赫尔墨斯神联系起来，并且与带来“消息”或“音信”相关联，这里的消息或音信是存在的消息或音信，因此，他将“理解”（本源的领悟）看得比“解释”更基本。在本讲座中，他这样给解释学下定义：“解释学是在其对……（我）的存在中的在者之在（des Seins eines Seienden）的告知”②，这里的“告知”或“宣告”就是对已有、已显现出来的存在意义的传达。

---

① 海德格尔：《存在论——实际性的解释学》，德文版，第105页。

② 海德格尔：《存在论——实际性的解释学》，德文版，第10页。

二、海德格尔比较详细地谈到了18世纪基督教的虔信派神学家J.兰巴赫的解释学思想，尤其提到了解释的实践应用。后来伽达默尔将其归纳为解释学的三要素之一，而以往人们谈解释学主要涉及的是“理解”和“解释”（包括施莱尔马赫、狄尔泰），从未注意到“应用”，是兰巴赫首先明确地提出了这个问题。海德格尔指出这一点，与其实际性解释学的视阈是分不开的。它同后来伽达默尔更加明确化了的重要观点——解释学就是实践哲学——有着内在的关联。

三、指出奥古斯丁提出了“第一部宏大风格的解释学”，并引证他在《论基督教教义》中的一段话来加以说明：

一个人要解释《圣经》的疑难必须做好如下准备：他需要敬畏上帝，在圣经中坚持不懈地探求上帝的意旨；他需要虔诚的温顺，以免沉溺于无休止的争辩；他需要具备语言知识，以免受到不理解的词语和表达的妨碍；他也得准备熟悉某些自然物和事件，以免当它们用于比喻时，不知其力量，他还得有《圣经》中的真理的支持……①。

海德格尔认为，奥古斯丁的上述思想已超出圣经解释学并具有了普遍的解释学的意义。虽然海德格尔并没有对此作详细的说明，但在接下来所讲的内容中有两个重要的暗示：一个是同施莱尔马赫作了一个比较：认为奥古斯丁将解释学视为“包罗万象的和活生生的方式”，而施莱尔马赫则退回到一种“理解的艺术”②；

① 海德格尔：《存在论——实际性的解释学》，德文版，第12页。相关的解释和意义可参见 Jean Grondin: *Introduction to Philosophical Hermeneutics*, Yale University Press, 1994, pp. 33 – 34.

② Heidegger: *Ontology—— Hermeneutics of Facticity*, Indiana University Press, 1999, p. 10.

另一个是与狄尔泰的比较：指责后者只是将解释学视为精神科学方法论，而对解释学发展的决定时期——教父时代和路德时代——视而不见①。这里的教父时代，与奥古斯丁有关，他不仅是教父学方面最杰出的代表，也是教父解释学中的最大代表，他直接影响了路德开启的新教传统和新教解释学的传统，路德的基本解释学原则都来自于奥古斯丁。令人惊讶的是，在这个从柏拉图、亚里士多德到施莱尔马赫和狄尔泰的西方解释学的史纲中，海德格尔对奥古斯丁情有独钟，评价最高，甚至超过了现代解释学之父——施莱尔马赫和狄尔泰，这同样是与海德格尔自己的"作为实际性自身解释的解释学"的视阈和标准分不开的。对他来说，无论是施莱尔马赫将解释学定义为"理解的艺术"，还是狄尔泰将其定义为"精神科学的方法论"，都是对解释学狭隘的或形式主义的理解。

虽然"实际性的解释学"在海德格尔那里从《存在与时间》中已开始淡化，并在其后期的思想中逐步消失了，但在《通向语言之途》中却又绝无仅有地回到弗莱堡早期对解释学的理解，当然这里的所谓"回到"带有回顾性。海德格尔对日本学者说，他是在 1923 年夏季学期，初次使用了"解释学"和"解释学的"这两个概念②，并从这里引出相关的话题，对此海德格尔着重谈

---

① 参见 Heidegger: *Ontology—— Hermeneutics of Facticity*, Indiana University Press, 1999, p. 11.

② 参见海德格尔：《在通向语言的途中》，孙周兴译，商务印书馆 1997 年版，第 80 页。显然，海德格尔这个回忆并不准确，因为早在 1922 年的"那托普报告"中他就使用了"解释学"和"解释学的"这两个概念（参见海德格尔：《形式的现象学：海德格尔早期弗莱堡文选》，孙周兴编译，同济大学出版社 2004 年版，第 76—77 页）。可以说，海德格尔的早期解释学思想主要集中在"那托普报告"和《存在论——实际性的解释学》，当然尤以后者为甚。

了两点，而这两点显然是弗莱堡早期已经讲过的：一、解释学的存在论维度：解释学不是技艺学和方法论上的，而是意义更广泛的，这里的更广泛，不是指范围上的，而是指“源自开端性本质的广度”；二、解释学的现象学维度：旨在更原始地思考现象学的本质，尤其强调这种解释学是现象学的新方向，而且还说“解释学并不就是解释，它首先意味着带来消息和音信”①。

说到现象学，这部讲义已显示出海德格尔与胡塞尔的关系是双重的：一方面是继承，另一方面是批判。他承认胡塞尔的现象学对他探讨事情的指导意义是带有根本性的，强调现象学是一切哲学的基础，包括存在论。但海德格尔并没有回避他们之间的分歧，这部讲义的一开头就隐含着对胡塞尔的批评，他影射后者的学说为“现象学的经院哲学”或“新经院哲学”。这里海德格尔提到了两种现象学：一种狭义的，即“构造”的现象学；另一种是广义的现象学②，后者包括存在论。胡塞尔也谈存在论（本体论），但他的存在论指的是先验的自我意识对事物的构造，也就是说，事物意义的存在是由先验的自我意识建构起来的，因此，他所谓的存在哲学或存在论，不过是建立在知识论或认识论的基础上的，它仍属于以笛卡尔、康德为代表的西方近代哲学的突出自我意识为中心的传统理路，而与海德格尔根本不同。海德格尔要建立一种存在论的现象学，它是胡塞尔的“颠倒”：这里，存在论是认识论的基础，而非认识论是存在论的基础。所以海德格尔说，狭义的现象学是构造意义上的现象学，即指胡塞尔的现象学，而广义的现象学包括存在论，则是海德格尔

① 参见海德格尔：《在通向语言的途中》，孙周兴译，商务印书馆 1997 年版，第 82、100 页。

② 海德格尔：《存在论——实际性的解释学》，德文版，第 1—2 页。

自己要努力的方向。他的实际性解释学中的“实际(性)”本身就包含着同胡塞尔现象学的分歧和批判,听过这门课程的伽达默尔后来指出:

在“实际性的解释学”(Hermeneutik der Faktizität)这一名称下,海德格尔把胡塞尔的存在论现象学及其所依据的事实和本质的区分同一种矛盾的要求加以对照。现象学探究的存在论基础,应当是那种不能证明和不可推导的此在的实际性,即生存(Existenz),而不是作为典型普遍性本质结构的纯粹我思①。

可见海德格尔贯彻了一种更加彻底的现象学的基本精神:回到事情本身。他与胡塞尔的对立不在于是否承认这句话,而在于对这句话的理解。

虽然这个“实际性解释学的纲要”只上了13学时,篇幅不长,但所含内容却十分丰富,除了我们上面谈到的那些外,它还涉及现象学和辩证法的关系(尽管是负面的),涉及基督教神学,涉及对舍勒的哲学人类学的批评以及相关的解释学的哲学史的背景,在附录中还提到“解释学与辩证法”的关系,等等。它不仅通向海德格尔早期思想的代表作《存在与时间》,而且还隐含有其“转向”后的诗思,关于这一点英文版译者有具体的说明②。值得一提的是海德格尔在这个讲座中以他家中的桌子为例,向我们提供了一个现象学的“看”和描述的具体实例,其详尽程度是不多见的,至少我们在《存在与时间》中没有发现,它让我们更真切地体会和领悟到作为一种工作哲学的现象学方法

① 伽达默尔:《诠释学Ⅰ:真理与方法》,洪汉鼎译,商务印书馆2007年版,第348页。译文有改动。

② 参见Heidegger: *Ontology——Hermeneutics of Facticity*, Indiana University Press, 1999, p. 108.

的运用。

总而言之,这个讲座基本涵盖了海德格尔早期的主要思想,说它是新思想的大纲或弗莱堡早期哲学的总结一点也不为过。

三

现在我们可以谈谈海德格尔这个讲座要表达的核心思想以及整个结构了。其核心思想是:“实际性的解释学”乃此在或实际性自身的解释,是此在的一种原初或本源的觉醒,并且是在此在自我觉醒过程中展开的,它是为生命或生活活动本身所伴随着的一种源始或本源的领悟,或者说生存的领悟,而不是认知意义上的理解(前者属于存在论的范围,后者属于认识论的范围)。理解在它成为认识方式之前,它首先是一种存在方式,它与此在本身的存在相关,而不是胡塞尔的朝着某个对象的意向性活动。海德格尔这里的实际性不是现成、既定的存在,不是当下在手的存在,而是相关人的存在即此在,具体来说,也就是“生活在它自己的时间和它当下的‘此’(Da)而言的人的存在样式”①。因此,实际性的解释学在这里不是指传统意义上的对古典文本和基督教圣经的解释的意义,也不是某种方法论意义上的学说,而是对人的实际性的一种去蔽,是此在自身的一种投入,它与一种反思式的自我意识无关。另外,在海德格尔那里,

① 约瑟夫·科克尔曼斯:《海德格尔的〈存在与时间〉》,陈小文等译,商务印书馆1996年版,第35页。关于这三者之间的关系可参见海德格尔《存在与时间》,第41节。

此在与世界在生存论上是统一的①,二者不可分,此在是世界的此在,世界是此在的世界。此在以外的事物没有世界,它们只有纳入到人的存在和人的世界中才能得到理解和解释,所以说,与尼古拉·哈特曼突出自在的本体论不同,海德格尔所强调的是一种理解的本体论②。从这个角度也可说明,解释学涉及此在实际性自身的解释。海德格尔在《存在与时间》中接过了上述思想,它充分表现在这句话里:“现象学的解释必须把源始开展活动之可能性给予此在本身,可以说必须**让此在自己解释自己**。”③

下面我们再看一看海德格尔这部讲义的基本结构:整个讲义的章节划分和标题都不是海德格尔原有的,而是德文版编者为了将这个手稿加工成一本书,方便读者阅读而加上去的。从大的框架上看,它分为两个部分:一、解释学;二、现象学。如前所述,这两者是不可分的,那就是“现象学的实际性的解释学”④。

整个讲义由 26 节组成。第 1—3 节相当于全书的总纲,依次具体解释了讲座的标题,也是该讲座最基本的三个概念:“存在论”、“实际性”和“实际性的解释学”,并初步表达了他的整个讲座的要旨,它包含一个西方解释学简史。

第 4—5 节对传统的希腊和基督教的人的观念进行了一种

---

① 参见海德格尔:《存在与时间》(修订本),陈嘉映、王庆节译,三联书店 2000 年版,第 439 页。

② 参见 Josef Stallmach, *Ansichsein und Seinsverstehen, Neue Wege der Ontologie bei Nicolai Hartmann und Martin Heidegger*, Bonn, 1987, S. 23 - 26.

③ 海德格尔:《存在与时间》(修订本),陈嘉映、王庆节译,三联书店 2000 年版,第 163 页。

④ 参见海德格尔《存在论——实际性的解释学》英文版,尾注 1,第 101 页。

现象学的解构。批判了人是理性动物和人是上帝按照自己的样子创造出来的人的本性观，这其中还包括对德国唯心主义，尤其是舍勒有关人的位格观念的批判，指出西方关于人的定义是由古希腊理性主义传统和基督教神秘主义传统相融合的产物，它与海德格尔要讲的"此在"不可混为一谈。

第6节提出了一系列有关生存的概念：此在、今日、当下性、时间性、在世界中存在、从世界而来的生存、被解释状态、公众状态、平均状态、常人、面具等。主要分析的是实际性的此在的当下性或当下状态。

第7—13节以今日的历史意识和今日的哲学意识的形式更具体揭示了海德格尔的"今日"，目的是使上面所谈的生存环节或生存性质以及其他的概念（如让自己在此、好奇、变动、离开）从中引出来。

第14—17节主要讨论的是现象学的实际性解释学的方法。

第18—26节，则着重具体描述了海德格尔1923年的"今日"的方面，以他的房间和桌子为例。内容涉及逗留、在一个世界中的存在、遭遇世界、操心、与周围世界打交道，等等，以及世界的此在诸范畴：世界的遭遇、时间性、展开状态、预先上手、意蕴、共同世界的显现、熟悉状态、不可说和陌生性、空间性等①。

以上就是全书的基本轮廓、架构和内容。我们可以从中看到，围绕"解释学"海德格尔提出了一系列概念和范畴，它们存在着内在的联系，海德格尔在本讲座后面的"插入和增补"中强调："实际性——存在论——存在——当下性——此在：每一个

① 参见海德格尔：《存在论——实际性的解释学》，英文版，尾注3，第104—105页。

都与解释学有关。”①我们解读时应当注意这个线索，以及这个线索中的各个环节之间的关系。

从上述内容中，我们还可以看到《存在论——实际性的解释学》是对“那托普报告”的发展，是《存在与时间》先行预备性的分析。因此，我们如果能将更早一点的“那托普报告”和更晚一点的《存在与时间》同《存在论——实际性的解释学》结合起来阅读将会更容易进入、更容易理解、更有收获，“那托普报告”和《存在与时间》刚好构成了《存在论——实际性的解释学》的“晕圈”。

四

最后，再谈一谈海德格尔的实际性解释学与伽达默尔的哲学解释学之间的关系。我们知道，在这个讲座之前，伽达默尔对海德格尔的了解主要限于学生的口碑和“那托普报告”，但他并未实际接触过海德格尔本人，直到1923年夏季学期在弗莱堡才第一次聆听了海德格尔的讲座《存在论——实际性的解释学》，同时第一次参加了海德格尔主持的研讨班——关于亚里士多德的《尼各马可的伦理学》第6卷的解读②，这些为伽达默尔今后一生的学术道路奠定了基本的方向，其影响甚至超过《存在与时间》。从此，他走出新康德主义的圈子（包括他十分亲近的老师尼古拉·哈特曼），终生追随海德格尔，当然他这样做是有思想准备的。

---

① 海德格尔：《存在论——实际性的解释学》，德文版，第105页。

② 参见 Gadamer, *Gesammelte Werke* 3, Tübingen, 1987, S. 421; 另参见 Jean Grondin, *Gadamer*, trans. by Joel Weinsheimer, Yale University Press, 2003, p. 105.

海德格尔的原创思想,犹如一个"孵化器",伽达默尔的整个解释学思想就是从中"孵化"出来的,它们之间类似"父"与"子"的关系。显然海德格尔的实际性解释学直接影响了后来的伽达默尔反对解释学的方法主义,是其这方面思想的主要来源①,并促使伽达默尔始终注意围绕人的实际性的历史存在来建构解释学。从后来的相关成就上看,伽达默尔应当说是这门课程最大的受益者,虽然伽达默尔生前对海德格尔这个讲座提得不像"那托普报告",以及海德格尔主持的研讨班——对亚里士多德《尼各马可伦理学》第6卷的解读——那样多②。

伽达默尔杰出的学生 J. 格朗丹说:"目前我们只能确信这一点:重构海德格尔的解释学必须从其早期的实际性解释学的筹划开始,这尤其是因为伽达默尔对'解释学'这个词的用法是根据那个时候流行的意义,而且他将自己在《真理与方法》中的解释学同实际性的解释学联系的程度相对海德格尔《存在与时间》中的解释学有过之而无不及。"③不过两人也有区别,从总体上看,解释学对于海德格尔来说只是手段,但对于伽达默尔来说却是目的。而且"实际性的解释学"这个术语海德格尔后来基本上不再使用了,而伽达默尔一生都没有放弃这个概念,并且通过将海德格尔前期和后期思想结合起来更加丰富和完善了这个概念的意义。

我们知道,青年伽达默尔最初读到海德格尔的"那托普报

---

① 参见 James Risser, *Hermeneutics and the Voice of the Other*, State University of New York Press, 1997, p. 5.

② 参见 Jean Grondin, *Gadamer*, trans. by Joel Weinsheimer, Yale University Press, 2003, p. 105.

③ Jean Grondin: *Introduction to Philosophical Hermeneutics*, Yale University Press, 1994, p. 8.

告”时，给他留下深刻印象的是“解释学处境”①，而这个词与“实际性”不无关系，后者在《存在与时间》中被清楚地表述为三个方面：先有、先见和先把握。伽达默尔在《真理与方法》第二部分前面相当于他所理解的西方解释学史的那一部分特别提到海德格尔的“实际性解释学”②。在后期的论文《实践理性问题》也谈到了这个概念，在解释其著名命题——“能被理解的存在就是语言”——时，他也没有忘记同早期海德格尔强调的自身显示的现象学、自身解释的实际性解释学联系起来③。

伽达默尔认为，在西方现代哲学的转型方面，海德格尔的“实际性解释学”做出了重要贡献，他“坚持相对无限的理解的任务和无限的真理的人的时间性和有限性”④，这一思想和胡塞尔的“生活世界”有相通之处。在伽达默尔看来，“精神科学中本质性的东西并不是客观性，而是同对象先前的关系”⑤。这里所谓的先前关系，也就是一种事实（即体现为一种海德格尔意义上的实际性），这种事实同人的社会生活实践是分不开的，亚里士多德的实践哲学早就暗示了这一点⑥。而伽达默尔对实际性的理解，既受海德格尔1923年夏季学期讲座的影响，也受海德格尔对亚里士多德实践哲学解读的影响。

当伽达默尔后来讲，“解释学就贯穿于人类自我理解的一

---

① 参见伽达默尔《诠释学Ⅱ：真理与方法》，洪汉鼎译，商务印书馆2007年版，第391页。

② 参见同上书，第348页。

③ 参见同上书，第403—404页。

④ 伽达默尔：《赞美理论》，夏镇平译，上海三联书店1988年版，第68页。

⑤ 同上书，第69页。

⑥ 同上。

切因素之中，而非仅仅存在于科学之中”[1]，我们仍可看到海德格尔的作为实际性自身解释的解释学的影子，而且它还同解释学所追求的最大的普遍性联系起来了。总之，海德格尔的实际性解释学最终通向伽达默尔的实践解释学、教化解释学，而伽达默尔则赋予了海德格尔的实际性解释学更深厚的人文主义内涵，尤其是共同体教化方面的内容，这也是海德格尔早期强调得不太够的地方。

此外，有一点需要指出来说一下，那就是，伽达默尔后期似乎不再像海德格尔那样严格区别“Faktizität”和“Tatsächlichkeit”这两个词[2]，而是有时对它们做了等同的使用。在他那里，二者指的就是人的即成存在这个事实（与人的“被抛性”相关），它就是我们全部理解和解释的起点。当然这在海德格尔那里并非毫无根据，后者本来就认为，此在和别的在者都是一个存在的事实，只是这两种事实不太一样：一个是生存超越的存在，另一个是既定现成的存在。为了区别这两种事实，才分别用了“Faktizität”和“Tatsächlichkeit”。换句话说，“实际性”仍是一种“事实性”，只不过不是一般在者那样的事实性。也许是因为这一点，伽达默尔后来对它们未作严格的区分，但他将“Tatsächlichkeit”用于人时，显然包含了“Faktizität”的意思。在1986年写的《海德格尔的一条道路》的论文中，他将自己的老师早期的“Faktizität”明确地解释为“在其事实存在方面的事实

① 伽达默尔：《赞美理论》，夏镇平译，上海三联书店1988年版，第73页。

② 其实海德格尔在弗莱堡早期的最初阶段（1912—1916年）就使用过“lebendige Tat”。参见 *Heidegger Handbuch: Leben-Werk-Wirkung*, Dieter Thomä (Hrsg.), Stutgart. Weimar, 2003, S. 7.

(Faktum)”,是“人不能返回的事实(Faktum)”①。而这恰恰就是人的生命或生活的特征。

还有一点需要指出,如前所示,伽达默尔一方面受海德格尔实际性解释学的影响,另一方面受海德格尔对亚里士多德实践哲学解读的影响,这两者具有内在的一致性。在一定的意义上讲,伽达默尔的解释学属于一种新亚里士多德主义②,这里所谓的“新亚里士多德主义”在伽达默尔身上具体体现为亚里士多德主义与解释学的结合,弗莱堡早期的海德格尔对亚里士多德的系列解读无疑是它的开启者,伽达默尔后来理解的“事实性”(或“实际性”)也与之分不开。亚里士多德突出的是作为政治和逻各斯的动物的人的伦理存在状态,而伽达默尔突出的是人的共同体教化的存在状态。两者之间——通过海德格尔的实际性的此在这个中介——联系起来了。受亚里士多德《尼各马可伦理学》的影响,伽达默尔将事实(性)看成具有原则特性的,它作为首要的起点或出发点③,可以比较一下亚里士多德的一句话:“事实就是最初的东西,它就是一个始点。”④这正是伽达默尔要努力抓住的关键。

在别的地方,伽达默尔就此作了进一步的阐发,强调他所理解的事实不是一般的事实,而是“一种最内在地理解的、最深层地共有的、由我们所有人分享的信念、价值、习俗,是构成我们生

---

① Hans-Georg Gadamer, *Gesammelte Werke*, Band 3, Tübingen, 1987, S. 422.

② 伽达默尔解释学也可称为新亚里士多德主义的解释学,它同德国20世纪初肇始于海德格尔的亚里士多德主义的复兴有关。

③ 参见伽达默尔:《诠释学Ⅱ:真理与方法》,洪汉鼎译,商务印书馆2007年版,第391、393页。

④ 亚里士多德:《尼各马可伦理学》,1098b(译文引自廖申白译注本,商务印书馆2004年版,第21页)。

活体系的一切概念细节之总和。这种实际性的全体的希腊文是众所周知的‘伦理’概念，是一种通过练习和习惯而获得的存在。亚里士多德是伦理学的创始人，因为他赋予实际性的这种特性以荣誉”①。由此后期的伽达默尔对事实性和实际性做了无区别的对待，作为历史和传统的“既成事实”或“既成实际”，也就是由共同体的教化所形成的我们当下的历史性存在的状况，它就是我们一切理解和解释的起点或基础。

然而无论如何，从海德格尔的实际性解释学到胡塞尔的生活世界的现象学，再到伽达默尔的哲学解释学或教化解释学之间，存在着一条内在的联系线索。伽达默尔始终未离开海德格尔弗莱堡早期的实际性解释学赋予他的那种眼光，而且他也正是由于这种眼光，而对胡塞尔后期提出生活世界的理论多次且多处给予高度的评价。

最后要说的是，从海德格尔实际性解释学到伽达默尔的哲学解释学具有一种追求奠基的哲思倾向，这一点与他们的老师胡塞尔是一致的。胡塞尔之所以要建立现象学，一个重要的目的就是要为整个哲学乃至整个科学奠基（现象学本身是作为“本源的科学”来看待的），而海德格尔实际上还是在做这项工作。这种奠基在后者早期那里就是此在现象学，而这种现象学也就是此在解释学。对于他来讲，这种解释学是一切哲学和科学的开端和起点，哲学和科学产生于这种此在解释学，因为所有的哲学和科学的追问都产生于此在的生存，并返回到它②。此在虽然也是一种在者，但却是一个特殊的在者，这个在者不是既

① 伽达默尔：《赞美理论》，夏镇平译，上海三联书店 1988 年版，第 71 页。

② 参见海德格尔：《存在与时间》（修订本），陈嘉映、王庆节译，三联书店 2000 年版，第 44、492 页。

定、现成的东西，它生存着并要追问存在的意义，此乃解释学的最基本的意义，由于这种解释学是一切学科的基点，所以它就不是一般意义上的与其他学科相并列的“学”，而是预备性的、前提性的东西，但它要比胡塞尔的现象学更深一个层次。说它为人类的一切学科奠基一点也不过分和夸张，海德格尔前期的基础本体论实际上已表达了这一点，而海德格尔的实际性解释学就是他的基础本体论①。至于后来的伽达默尔的哲学解释学同样可视为这个方向的继续，其意义仍不离开奠基，包括为其先前的一切解释学奠基。

然而奠基归奠基，它终究并不等于事情的全部。即便在海德格尔学术地位和声誉如日中天的当今，我们也不应讳言，虽然他的存在论的实际性解释学在批判传统认识论、方法论解释学方面有积极卓著的一面，但也有矫枉过正的一面（包括他的学生伽达默尔）。因此，当代法国解释学的重要代表利科对他的批评绝不是没有道理的，其实，《存在论——实际性的解释学》只是一个基础，但它不应也不可能代替认识论、方法论的解释学，方法论、认识论解释学现在仍是德国解释学发展的一个重要方向②，我们不能从一个极端走向另一个极端，如果从后海德格

---

① 在本讲座第3节中，海德格尔前面说，实际性的解释学是哲学，后面又说它不是哲学。至于为什么，海德格尔并没有说清楚。不过我认为，这看起来矛盾，其实并不矛盾。因为从为一切学科奠基这个角度看，即从基础本体论这个角度看，它当然是一种哲学，体现了哲学的本义；但它又不是一般意义上的哲学，如海德格尔以前的所有哲学，甚至包括胡塞尔的现象学，因为它们还不够“本源”，还不是真正的前提和基础。

② 在这方面德国目前最新的代表作有 *Hermeneutik, Basistexte zur Einführung in die wissenschaftstheoretischen Grundlagen von Verstehen und Interpretation*, Herausgegeben von Axel Bühler, Herdelberg 2003; Vάclav Umlauf, *Hermeneutik nach Gadamer*, München, 2007.

尔—伽达默尔的眼光来看，笔者认为，在解释学上，我们应当在更高层次上重新回到狄尔泰，走存在论—认识论—方法论统一的解释学道路，而不应只是存在论或本体论的道路，尽管它是基础和前提，利科已经暗示了这一点，但狄尔泰自己并未真正意识到这一点，而只是走到了它的边缘①，他的生命哲学和方法论解释学并没有真正自觉地统一起来。然而，这并不妨碍我们重复那样一句话——精神科学是在不断的返回中前进的。至于到底返回到谁，返回到哪里，只有时代知道！歌德说得好："理论是灰色的，生活之树常青！"生活包含人类一切理解、解释和批判的源泉，但这又回到了海德格尔思想的起点。

---

① 参见 *Dilthey und die hermeneutische Wende in der Philosophie*, Herausgegeben von Gudrun Kühne-Bertram und Frithjof Rodi, Göttingen, 2008, S. 9 - 14.

导　言

第一节　标题“存在论”①

作为对实际性(Faktizität)的最初显示(Anzeige)②的说明。下一个要讲的名称是:存在论。

“存在论”(Ontologie)的意思是关于存在的学说。如果我们从这个术语中所听出的只是不确定的指示,即下面将要出现的表示存在应以某种主题的方式来探讨、来表达,那么它就可以用于本讲座的标题。然而,如果存在论被当做是一门学科的名称,当做某个探讨新经院哲学的领域或探讨现象学的经院哲学(phänomenologischen Scholastik)的领域,以及受其规定的学院派哲学方向的名称,那么“存在论”这个词作为下面内容的主题和

---

① “Ontologie”,通常译作“本体论”。不过根据海德格尔的现象学的立场和所坚持的本体论差别的观点,这里一般情况将其译作“存在论”,有时也译作“本体论”。——中译者注

② “Anzeige”是海德格尔早期的一个中心概念和术语,它具有“指向”(weisen auf),“指示”(Anweisung)的意思。这个概念来自于胡塞尔的《逻辑研究》,海德格尔用它来表示概念的基本显示、指向、指示的性质。——中译者注

我们的探讨方式的标题就不适合了。

此外，如果人们将"存在论"当做一个时下受欢迎的口号去反对康德，更确切地说，反对路德的精神，在原则上，反对每个事先不忌后果的未解决的问题，简言之，将存在论作为一个诱人的字眼如同煽动奴隶反叛那样去反叛哲学本身，那么这门课程的标题就被完全误解了。

在本讲座中，"存在论"（Ontologie）和"存在论上的"（ontologisch）这两个术语将只用于上面提到的没有限定说明的空洞意义，它们的意思是：对存在本身的追问和规定；至于哪一种存在和如何存在，则不能完全确定。

回顾"ον"（存在）这个希腊词，"存在论"同时也指在古希腊哲学基础上发展起来的效仿传统的关于追问存在的各种研究。虽然传统存在论研究存在的一般定义，但在它眼里也有一个确定的存在区域。

"存在论"这个词的现代用法等于"对象论"（Gegenstandstheorie），而且首先是一种形式上的对象论；在这个方面，它与传统的存在论（"形而上学"）一致。

然而，现代的存在论不是一门孤立的学科，而是以一种特有的方式与狭义的现象学所理解的东西相关。正是在现象学中，一个恰当的研究观念才得以形成。自然存在论、文化存在论、各种物质存在论：它们构成了这样一些学科：在这些学科中，这些区域的对象内容根据其所含事情的范畴性质展现出来，那么这样提供的东西可用作解决构造（Konstitution）——这种或那种对象意识（Bewusstseins von Gegenständen）的结构的和发生的关系——问题的指南。

相反，只有通过现象学，与之相关的存在论才能建立在一个可靠的问题基础上,并将其保持在有序的轨道中。当我们看到……的意识时,关于什么(Wovon),即一个在者如此这般的对象性质,便成为可见的了。存在论取决于当下支配存在的对象性质,而不是存在本身,即摆脱了对象的存在。狭义的现象学作为一种构造现象学(Konstitution-Phänomenologie),广义的现象学包括存在论。

但是在这种存在论中,从哪一种存在领域得到存在的决定性的并在问题中占主导地位的意义呢?这个问题根本就没有提出来。它对这个问题茫然无知,而且正是由于这一点,它仍与自己的意义来源相隔绝。

传统和今天的存在论的根本缺陷是双重的:

1. 从一开始,它的主题就是对象的存在(Gegenstandsein),即:一定对象的对象性(Gegenstandlichkeit)和无差别的(indifferentes)理论意义的对象,或与确定的自然科学和文化科学相关的物质对象,而且通过这些对象领域涵盖世界,但不是出自此在(Dasein)和此—在的可能性(Da-seinsmöglichkeiten);或者还将其他非理论特征加到它上面。(注意:"自然"作为世界和作为对象领域的双重意义;作为世界的"自然"只能从此在、历史性中形成,因而自然并不是它的时间性的"基础";"身体"同样如此。)

2. 由此而导致的后果是:在哲学问题中,它阻断了走向这样一个决定性的在者,即此在的通道,而哲学就"是"(ist)来自于此在和为了此在的。

如果"存在论"这个标题用于一种无联系的空洞意义从而其意思是指对任何存在本身的追问和探讨的话,那么它的确可以用于本讲座的内容。"存在论的"(ontologisch)这个术语涉及这样的提问、解释、概念、范畴，它们形成于或不形成于对作为存在的在者的看(Hinsehen)。

(旧形而上学重新作为“存在论”谈起；迷信和独断论，没有丝毫的可能性来进行这种追问的研究，或者只是倾向这种研究而已)。

(在“时间”上，我们恰恰应当指出这一点：在存在论上，基本的任务依然存在！)

所以根据下面将要展开的主题以及对它的探讨方式，本讲座的标题毋宁说是：实际性的解释学(Hermeneutik der Faktizität)[①]。

---

① 这里海德格尔讲述了这门课程名称中的“存在论”和“实际性的解释学”之间的关系，表明他所谓的“存在论”就是“实际性的解释学”。“实际性的解释学”可以从客观的所有格和主观的所有格两个方面去理解：客观的所有格指解释学具有的论题对象——作为特定时间片刻中的实际性；主观的所有格指这种解释学是实际性在特定的时间中自己的解释。参见海德格尔《存在论——实际性的解释学》，英文版(*Ontology——The Hermeneutics of Facticity*, translated. By John van Buren, Indiana University Press, 1999)，尾注1，第102页(以下简称英文版)。另参见英译者John van Buren, *The Young Heidegger: Rumor of the Hidden King*, Indana University Press, 1994, p. 94。——中译者注

实际性的解释学

序 言[①]

提出疑问(Fragen);疑问不是突发奇想;疑问也不是今天"常人"道听途说和从书本中读到并带着深思的表情来设置的通常的"问题"(Probleme)[②]。疑问(Fragen)形成于所探讨的"事情"(Sache),而事情只是看到的此(*da*)。

这里我们必须"提出"一些疑问(Fragen),它基于如下考虑:今天人们由于忙于各种"问题"(Problemen)而不再需要"疑问"(Fragen)。甚至人们不知不觉地取消了疑问,并认为,对它们应养成不需要思索的盲信。人们将神(sacrum)解释为本质法则,并为他们的时代所看重,因为这个时代软弱无力才有这样一个需要。人们所经历的不过是"忙碌"(Betriebes)的畅通无阻!对这种不真实的安排来说它已经成熟。哲学将其堕落解释为

---

① 海德格尔的标题。这个"序言"没有在这门课上讲过。——原注

② 海德格尔这里区分了"Frage"和"Problem",由于中文不太好表达,所以我们暂且将"Frage"译成"疑问",将"Problem"译成"问题"。——中译者注

“形而上学的复兴”(Auferstehung der Metaphysik)。

在这个探讨中,伴随我的是青年路德和作为榜样的亚里士多德(路德厌恶他),克尔恺戈尔给予了推动,而胡塞尔决定了我的眼光。对于那些只是根据历史的影响才去“理解”某件事的人来说,这不过是满足一种勤勉的好奇心的虚假理解,也就是说,它偏离了本讲座的要旨。这样人们势必抱着尽可能容易的“理解倾向”(Verstehenstendenz),从而毁了他们自己。对这类人我们不作任何指望,因为他们关心的只是——虚假。

第一部分　此在在其当下性中的解释道路

实际性(Faktizität)①是用来表示"我们的""本己的"(eigenen)②此在(Dasein)的存在特征。更确切地说,这一表达

① "Faktizität"在德文中有"实际"和"事实"的意思。所以这个词译成"事实(性)"也是可以的,但它与另一个词"Tatsächtigkeit"(事实)含义有所不同。海德格尔的本意是,作为一个在者的此在与其他在者一样,都是一个"事实",但他强调,作为一个特殊的在者的此在,不是一般既定的、现成状态意义上的"事实",而是"生存论意义上的"事实,为了表示这个区别,海德格尔用一个来自拉丁语的词"Faktizität"谓之,我们在这里将其译为"实际性"。作为实际性的此在具有"向前跳跃"(Vorsprung)的超越性,直至死亡的到来,它终结作为"此在"的存在,即生存,而进入到一般意义上的"在者",从而回到"Tatsächtigkeit",不复为"Faktizität"。关于这两个词的关系,参见海德格尔:《存在与时间》(修订本),陈嘉映、王庆节译,三联书店 2000 年版,第 65 页、第 158 页;另参见本书第 3 节。——中译者注

② "eigenen"也可译成"自己的"。因此,这句话更通俗的译法是:"实际性是用来表示'我们的自己的'此在的存在特征。"它与海德格尔后来在《存在与时间》所明确表达的"向来我属性"(Jemeinigkeit)有关,指此在总是"我的"此在,即作为个体的存在,也就是此在存在的"独一性"或"每一自我性"。当然海德格尔 20 世纪 30 年代后有了某种转变,不再强调个人,而是更强调人们,这样"向来我属性"(Jemeinigkeit)转化成了"向来我们属性"(Je-unsrigkeit)。也就是说,本真的自我不是在"我"中发现的,而是在"我们"中发现的。这样他的思想就接近黑格尔在《精神现象学》中表达的东西了。参见 Michael Inwood, *A Heidegger Dictionary*, 1999, Malden Massachusetts, p. 58。这里需要补充一点的是,海德

系指:当下的(jeweilig)这个此在[当下性(Jeweiligkeit)的现象;比较:“逗留”(Verweilen)、停驻(Nichtweglaufen)[①]、寓于此的存在(Da-bei-sein)、此—在(Da-sein)][②],如果它在其存在特征上是存在方式中的“此”的话。存在方式中的此在指:不是而且绝不是最初作为直观和直观规定的对象,不是作为仅仅从中获得知识和占有知识的对象,而是此在以其最本己的存在方式(Wie)在此存在。其存在方式敞开并限定着“此”(Da)的当下的可能性。存在(Sein)——为及物动词:是实际生活(das faktische Leben sein)!如果存在取决于它自身,即存在,那么存在本身根本就不可能是一个占有的对象。

作为每一个本己的“此在”并不指表面上看到的相对孤立的个体和诸如此类的个体[solus ipse(我独自)],而是指“本己性”(Eigenheit)是一种存在的方式,一条指向可能的觉醒[③]之路,而不是孤立对照意义上的区域划分。

因此,实际性的(faktisch)意思是,表示它自身源于这样一个在者的存在特征,并且以这种方式“存在”(ist)。如果我们将

格尔这里所说的“本己的”(或“自己的”)包括本真状态和非本真状态两个方面。参见海德格尔:《存在与时间》,陈嘉映、王庆节译,三联书店1987年版,第221页。——中译者注

① “Nichtweglaufen”这个德文词的本义是“不跑开”,“不离开”。——中译者注

② 这里海德格尔给出了他早期的一系列重要术语和关键词,它们之间存在着内在的联系。“实际性”指“此在”,此在与“当下性”分不开,后者既包括时间,也包括空间,海德格尔在本讲座着重分析了此在的实际性中的当下性。——中译者注

③ “Wachensein”也可译成“醒悟”。它在本讲座中多次出现。这个词与此在对自身的领会或领悟有关,它是一种生存论存在论意义上的领悟,而与认识论意义上的概念认知无关。——中译者注

"生活"(Leben)①看成是一种"存在"(Sein)的方式,那么"实际生活"(faktisches Leben)的意思系指:作为以某种存在特征的表达方式在"此"(da)的我们本己的此在。

第一章　解释学

第二节　传统的解释学概念

"解释学"(Hermeneutik)这个用语表示对实际性的投入(Einsatzes)②、开端(Ansatzes)、走向(Zugehen)、询问(Befragen)和说明(Explizierens)的统一方式。

"Ερμηνευτικη"(解释学)["επιστημη"(科学),"τεχνη"(艺术)]这个词来自于"ερμηνευειν"(解释)、"ερμηνεια"(解释)、"ερμηνευς"(解释者),其词源很模糊③。

它与神"Ερμης"(赫尔墨斯)(诸神的信使)的名字有关。

下面有几个证据可以让我们进一步规定这个词的本义,而且同时还可以让我们理解它变化了的意义。

柏拉图说:"οι δε ποιηται ουδεν αλλ η ερμηνης εισιν των

---

① "Leben"这里也可译成"生命",指人的生命和生命活动。这里海德格尔是将其作为"生存"、"此在"、"实际性"的同义词来使用的。据当年上过这门课的伽达默尔回忆,他一开始就听到海德格尔这样的句子:"'生命'(Leben) = '此在'(Dasein),在生命中并通过生命存在"(引自 Gadamer, *Gesammelte Werke* 3, Tübingen, 1987, S. 422)。可见当时海德格尔的思想同德国生命哲学(尤其是狄尔泰的生命哲学)之间的联系。——中译者注

② 在德文中,"Einsatz",意思很多,我们这里之所以译"投入",取广义上海德格尔所认同的生活是人向任何与之打交道的东西最直接的投入之意。也可译为"参与"。——中译者注

③ 参见 É. Boisacq, *Dictionair étymoloique*. Heidelberg-Paris 1916, 第282页。——原注

ςεων"("诗人只是诸神的代言人")①。接着应用到古希腊的行吟诗人,他们的作用是吟诵诗人的作品:"Ουκουν ερμηνεων ερμηνης γιγνεσςε";"这样你们不就成了代言人的代言人吗?"②,"ερμηνευς"(解释者)是指向某人传达、宣告另一个人的"意思"(meint)的人,或者是指充当中介去做这样传达、宣告的人;参见柏拉图的《智者篇》248a5、246e3:"αψερμηνευε"③,报告:告知另一个人的意思。

《泰阿泰德篇》209a5 中写道:Λογος(逻各斯)(话语)= η της σης διαφορoτητος ερμηνεια[差别的表达]。传达乃是将清楚知道的与另一个东西的差别加到"共同的"(κοινον)④东西上(参见《泰阿泰德篇》163c:我们从语词中所认识到的和解释者所告知的)⑤;不是理论的见解,而是"意愿"(Wille)、希望,以及类似的存在、生存;也就是说,解释学是对……(我)的在其存

---

① 《伊安篇》(*Ion*),534e,Oxford(Burnet,1904).——原注。[参见 Edith Hamilton 和 Huntington Cairns(编),《柏拉图的对话集》(*The Collected Dialogues of Plato*)(Princeton University Press,1961),p. 220:"……这些可爱的诗篇不是人或人类的作品,而是神圣的和来自诸神的,诗人只不过是神的解释者……。"]——英文版补注

② 同上,535a.——原注。[参见《柏拉图的对话集》(*The Collected Dialogues of Plato*),p. 221(译文有修改):"那么,你们行吟诗人,又是对诗人语言的解释了? ……所以,你们就是解释者的解释者了?"]——英文版补注

③ 参见《柏拉图的对话集》(*The Collected Dialogues of Plato*),p. 992"那么让我们转向反对党,形式上的朋友。你将再次作为他们的代言人(αφερμηνευε)"。

④ 参见《柏拉图的对话集》(*The Collected Dialogues of Plato*),p. 917(有改动):"而'陈述'(account)[λογος]的意思是将你的差别表达出来[ερμηνεια]……,同时我只有一个你的观念,我的心灵没有把握你不同于他者的任何区别,……在我的灵魂之前,我一定有一个与他人共同的[κοινων]东西。"

⑤ 参见《柏拉图的对话集》(*The Collected Dialogues of Plato*),p. 868:"我们既看见又认识字母的形状和色彩;我们听到并同时知道音调的上升和下降,但是我们既不能凭视听感觉到也不知道教师或解释者所能告诉我们的有关它们的情况。"——英文版注

在中的在者之在(des Seins eines Seienden)的告知。

亚里士多德说:"τη γλωττη(καχρηται η φυσις) επι τε την γευσιν και την διαλεκτον ων η μεν γευσιςαναγκιον(διο λαι πλειοσιν υπαρχει),η δ ερμηνεια ενεκα του ευ."["动物既用舌头品尝又用舌头在打交道时说话);其中,品尝是它们生存的一种必需的方式(所以品尝在大多数情况下都可以发现),但是与其他人谈论和讨论某事(关于某事的对话),为的是保障动物生命的真正存在(它们在自己的世界中要依赖它")][①]。这里的"ερμηνεια"(解释)就代表"διαλεκτος"(对话),即与世打交道地讨论;而这样的讨论只不过是"λογος"(逻各斯)实际的实现方式,逻各斯(关于某事物的话语)关心"δηλουν[.]το συμφερον και το βλαβερον"(话语"使在者敞开地显现出来,从而让我们能够理解它们的利与弊")[②]。

另参见"ερμηνευειν"(解释);斐洛斯特拉特(Philostratus)[③]。

---

① 亚里士多德:《论灵魂》B8,420b18sqq。——原注[参见 Richard Mckeon(编),*The Basic Works of Aristotle*(New York:Random House,1941),p. 572:"舌头既被用来品尝又被用来讲话,在这两种功能中,品尝对动物的生存来说是必需的(所以我们可以在更大范围内发现它),而讲话则只是为了它生活得美好。……"。]——英文版补注

② 亚里士多德的《政治学》A2,1253a14sq.——原注[参见 *The Basic Works of Aristotle*, p. 1129:"语言的力量在于表达利与弊……"]——英文版补注。(这句话海德格尔忘打反括号了。——中译者注)

③ *De Vitis Sophistarum*, C. L. Kayser 编,Leipzig, 1871, Vol. II, S. 11, Z. 29,还可以在 H. Diel 的 *Die Fragmente der Vorsokratiker*, Berlin, 1912, Bd. II, S. 235,Z. 19 中找到。——原注。[*The Lives of the Sophists*, Wilmer Cave Wright 译](London: Heinemann, 1912), p. 30 – 31(有修改):"……如果我们反思有多少东西埃斯库罗斯加到悲剧上……,那么我们发现,这就是高尔吉亚轮到他时为他自己伙伴工匠做的,因为他给智者派树立了一个榜样……他以宏大的风格宣布(ερμηνευειν)宏大事情的勇气和非同寻常的方式……。"——英文版补注。[斐洛斯特拉特系公元2世纪新毕达哥拉斯学派的重要成员之一。]——中译者补注

*Simplicii in Aristotelis Physicorum Commentaria*①。修希底斯(Thukydides)②笔下的培里克里斯(Perikles)说③:"καιτοι εμοι εμοι τοιουτω ανδρι οργιζεςε ος ουδενος οιομαι ησσων ειναι γνωναι τε τα δεοντα και ερμηνευσαι ταυτα, φιλοπολιςτε και χρηματων κρεισσων."("然而我,一个你很讨厌的家伙,能力并不亚于任何人,我自认为,是一个能认识和宣布正确尺度的人,是一个爱国者和超越金钱影响的人")④。

亚里士多德说:"λεγω δε, …, λεξιν ειναι την δια της ονομασιας ερμηνειαν."["我的意思是……语言通过语词来表达事物。"]⑤

在亚里士多德的论著中,有一篇流传下来的标题是"Περι ερμηνειας"[*On Interpretation*(《解释篇》)]。它涉及根据其揭示在者的基本功能方面来探讨逻各斯(λογος)并使我们相信它们。有鉴于此,这个文本的标题是非常贴切的。然而,亚里士多

---

① H. Diel(编), *Commentaria in Aristotelem Graeca*, Berlin, 1882, S. 329, Z. 20.——原注。[Simplicius, *On Aristotle's Physics* 2, Barrie Fleet 译(Ithaca: Cornell University Press, 1997), pp. 88-89(有改动):"亚历山大批评作为非语法的文本解读'为什么没有老的思想家……不对机会作界定,''因为(亚里士多德)应当',亚历山大说,'写了"作出任何界定",因为否定已经在"没有"(none)这个词中存在了'。……我们更应当赞扬这个段落的清晰和精确的表达方式(ερμηνευμενον),它需要尊重"]。——英文版补注

② 修希底斯(Thucydides,前471年?—前400年?),古希腊历史学家。——中译者注

③ 公元前5世纪雅典最伟大的政治家、将军和演说家,在他的领导下,当时的雅典达到了文化和国势发展的巅峰。——中译者注

④ De bello Peloponnesiaco, G. Boehme 编, Leipzig, 1878, Bd, Ⅱ, 60(5), S. 127.——原注。[*History of the Peloponnesian War*, Vol. Ⅰ, Charles Forster Smith 译(London: William Heinemann, 1921), p. 363(有改动)]。——英文版补注

⑤ 亚里士多德的《诗学》,6,1450b13sq.——原注。

德和他的嫡传弟子都未曾在"Peripatos"①路上散步时将此标题赋予这个文本。从亚里士多德那里传到他弟子手中的是一个"未完成的草稿",而且"没有标题"。到了罗得岛的安德罗尼克(Andronicus of Rhodes)②的时代才采用这个标题,H. 迈耶尔(H. Meier)已确凿地证明了该文本的真实性,据他推断,这个标题最早出现在特奥弗拉斯图斯(Theophrast)和欧德穆(Eudemus)③之后的第一代④。

在当前的关系中,对我们来说,重要的是作为亚里士多德特定研究的标题的这个词的意义史。话语的功能是使某种东西作为敞开中出现的存在、作为现成的存在来理解的。同样,逻各斯(λογος)具有"真实的存在"[αληςευειν]突出的可能性(使先前被遮蔽、被掩盖的东西作为无蔽、敞开于此的东西显现出来)。由于该文本涉及这一切,所以它被正确地称为"解释篇"(περι ερμηνειας)。

这个意义上的解释(ερμηνευειν)在拜占庭人那里变得具有了一般的意义,并与我们今天的用语"意指"(bedeuten)相当。词、词组意指某物,也就是"具有一个意义"(意义的柏拉图主义就来源于此)。

斐洛(Philo)将摩西描述为"上帝的解释者"(ερμηνευ

---

① 公元前335年,亚里士多德回到雅典创办了吕克昂学园,他经常与他的学生在一条叫做"peripatos"的林中小道上边散步边讨论哲学问题,他的学派叫做"逍遥学派"(peripatetic)就与此有关。——中译者注

② 安德罗尼克(公元前1世纪),逍遥学派的成员。——中译者注

③ 特奥弗拉斯图斯(Theophrastus)和欧德穆(Eudemus)都是公元前3世纪逍遥派的成员。——中译者注

④ "Die Echtheit der Aristotelischen Hermeneutik," in: *Archiv für Geschichte der Philosophie* 13, NF. 6(1900), S23－72.

çεου)(上帝意旨的宣告者)①。

阿里斯提亚(Aristeas)说②:"犹太人的著作需要翻译、解释"(τα των'Ιουδαιων γραμματα ερμηνειας προσδειται)③。翻译:使一种陌生的语言所表达的东西能用我们自己的语言来理解,而且是为了这种理解。在基督教教会中,"ερμηνεια"(解释)后来指注解(enarratio);"ερμηνεια εις την οκτατευχον"(对《旧约圣经》前8卷的评注)。注解、解释:追求文本的真实含义,从而使所指事物能够理解,有助于理解。"ερμηνεια" = εξηγησις(注释)。

奥古斯丁提供了第一部宏大风格(großen Stils)的"解释学"(Hermeneutik):"*Homo timens Deum, voluntatem ejus in Scripturis sanctis diligenter inquirit. Et ne amet certamina, pietate mansuetus; praemunitus etiam scientia linguarum, ne in verbis locutionibusque ignotis haereat; praemunitus etiam cognitione quarumdam rerum neces-*

① *De vita Mosis* III,23(II,188),载 *Opera* IV, ed. L. Cohn. Berlin, 1902), S. 244.——原注。[参见 *Philo*, Vol. 6, F. H. Colson(London: Heiemann, 1929), p. 543(有改动):"……而我要在结论中继续表明,摩西是一个最高的先知,现在我充分意识到,在《圣经》中所写的一切是通过摩西传达的神谕,……在这些神谕中,有些是神自己说出来的并由先知作为他的解释者。"]——英文版补注

② 埃及托勒密二世(前285—前247年)的官员,是一位住在埃及亚里山大的犹太人。他写给他兄弟的一封长信(《阿里斯提亚书信》,达322节)详细介绍了希腊七十子圣经译本的翻译过程。——中译者注

③ *Ad Philocratem epistula*, P. Wendland 编, Leipizig, 1890, S. 4, Z. 3.——原注。[参见 *Aristeas to Philocrates*(《阿里斯提亚书信》), Moses Hadas 译(New York: Harper & Brothers, 1951), p. 97(译文有改动):"德米特里乌斯(Demetrius)(曾任埃及国王托勒密二世的图书馆员。亚历山大城最伟大的图书馆就是托勒密二世在位时修建的——中译者补注)说,翻译是需要的。在犹太人的国家里,他们使用一种特殊的书写体,正如埃及人应用于他们的书信中有一种特殊的书写体一样,而且他们有自己的语言。人们认为他们使用的是叙利亚语,其实不对,他们的语言是另一种方言。"]——英文版补注

sariarum, ne vim naturamve earum quae propter similitudinem adhibentur, ignoret; adjuvante etiam codicum veritate, quam solers emendationis diligentia procuravit; veniat ita instructus ad ambigua Scripturarum discutienda atque solvenda…."

一个人要解释《圣经》的疑难必须做好如下准备：他需要敬畏上帝，在《圣经》中坚持不懈地探求上帝的意旨；他需要虔诚地温顺，以免沉溺于无休止的争辩；他需要具备语言知识，以免受到不理解的词语和表达的妨碍；他也得准备熟悉某些自然物和事件，以免当它们用于比喻时，不知其力量，他还得有《圣经》中的真理的支持……①。

在17世纪，我们遇到"*Hermeneutica sacra*"（《圣经解释学》）这样的书名，它用来指代"*Clavis Scripturae sacrae*"②（《圣经指南》）；*Isagoge ad sacras literas*③（《圣典导论》）；*Tractatus de interpretatione*④（《解释论》）；和 *Philologia sacra*⑤（《圣经语文学》）。

现在解释学不再是解释本身，而是一门关于解释的条件、对象、方法、传达和实践应用的学说；试比较 J. J. 兰巴赫（Johannes

---

① *De Doctrina Christiana*，载 Patrologia latina，Migne 编（后来作为"Migne"来引用），XXXIV，Praris，1845，Liber Ⅲ，cap. 1, 1, S. 65. ——原注。［参见 *On Christian Doctrine*, D. W. Robertson（Indianapolis: Bobbs-Merrill, 1958），p. 78.］——英文版补注

② M. Flacius Illyricus, *Clavis scripturae sanctae seu de sermone sacrarum literarum*. Basel, 1567.

③ S. Pagnino, *Isagoge ad sacras literas Liber unicus*. Köln, 1540 和 1542.

④ W. Frantze, *Tractatus the ologicus novus et perspicuus de interpretatione sacrarum scripturarum maxime legitima*. Wittenberg, 1619.

⑤ S. Glass, *Philologia sacra, qua totius V. et N. T. scripturae tum stylus et litteratura, tum sensus et genuinae interpretationis ratio expenditure*. Jena, 1623.

Jakob Rambach)①下面的论述：

1.“De fundamentis hermeneuticae sacrae”②(“论圣经解释学的原则”),关于正确解释文本、文本意义的方案。

2.“De mediis hermeneuticae sacre domesticis”③(“关于圣经解释学的内在方法”)。作为一个解释原则的信仰类比;状况、情感;规则、关系;《圣经》中的对应理解(Parallelismus)。

3.“De mediis hermeneuticae sacrae externis et litterariis”④(“关于圣经解释学的外在方法和字义方法”)。语法的、批判的、修辞的、逻辑的和科学的方法。翻译和注解。

4.“De sensus inventi legitima tractione”⑤(“对所发现的意义的正确处理”)。论传达、提供论据、推断和实践的应用。[Porismata(推断),ποριξειν:通过结论来推断]

施莱尔马赫将以前被视为一种广泛的和活生生的解释学观念(参见奥古斯丁!)限制为针对另一个人话语的“理解的艺术(艺术论)”[Kunst(Kunstlehre) des Verstehens]⑥,而且被看做是与语法学和修辞学相关的一门学科,并被纳入到同辩证法的关

---

① 兰巴赫是18世纪德国虔信派神学家、圣经解释学家,他对后来的解释学有两大贡献:一是圣经情感解释的理论,二是将圣经解释视为一种实践的应用。前者影响了古典解释学(如施莱尔马赫的“心理”解释);后者影响了现代解释学(如伽达默尔的“应用”理论)。——中译者注

② *Institutiones hermeneuticae sacrae, variis observationibus copiosissimisque exemplis biblicis illustratae*. Jena, 1723, *Conspectus totius libri: Liber primus*.

③ 同上,*Liber secundus*.

④ 同上,*Liber tertius*.

⑤ *Institutiones hermeneuticae sacrae, variis observationibus copiosissimisque exemplis biblicis illustratae*. Jena, 1723, *Conspectus totius libri: Liber quartus*.

⑥ *Hermeneutik und Kritik m. bes. Beziehung auf das Neue Testament*, F. Lücke. *Sämmtliche Werke*, Part I, Abt., 7. Bd. Berlin, 1838, S. 7.——原注。[*Hermeneutics: The Handwritten Manuscripts*, Heinz Kimmerle 编, James Duke 和 Jack Forstman 译(Missoula: Scholars Press, 1977), p. 96]。——英文版补注

系中;这种方法论是形式上的,作为"一般解释学"(理解任何陌生话语的理论和艺术论),它包括特殊的神学解释学和语文解释学。

A. 布克(A. Boeckh)①在他的《语文学的百科全书和方法论》(*Enzyklopädie und Methodologie philologischen Wissenschaften*)②中采纳了这个解释学的概念。

狄尔泰也接受了施莱尔马赫的解释学概念,并将其定义为"理解的规则"("书写文献的解释艺术")③,但他是通过分析理解本身来论证这一点的,并在研究精神科学发展的关系中去探讨解释学。

然而,恰恰在这里暴露出其立场中一个严重的局限性。狄尔泰对解释学真正发展的决定性的时代(教父时代和路德时代)视而不见,他只是始终将解释学作为这样一个主题来加以探讨,即总表现为他自认为是对其本质把握的——解释性的精神科学的方法论。不过,今天系统地致力于对狄尔泰思想的淡化(斯普朗格④)甚至远没有达到狄尔泰本来已经受到局限而且

---

① 布克,德国近代语文学家,施莱尔马赫的学生,是一位从浪漫派解释学过渡到历史学派解释学的重要人物。——中译者注

② *Enzyklopädie und Methodologie philologischen Wissenschaften*, Leipzig, 1877. ——原注。[*On Interpretation and Criticism*, John Paul pritchard 译(Norman: University of Oklahoma Press, 1968)]. ——英文版补注

③ "Die Entstehung der Hermeneutik", 载 *Philosophische Abhandlungen, Chr. Sigwart zu seinem* 70. *Geburtstage gewidmet v. B. Erdmann u. a.* Tübingen/Freiburg/Leipzig, 1900, S. 190; 5. Aufl., 载 *Gesammelte Schriften*, V (Stuttgart /Göttingen, 1968), S. 320. ——原注。["The Development of Hermeneutics",载 *Selected Writings*, H. P. Rickman 译(Cambridge: Cambridge University Press, 1976), pp. 249 - 250(有改动)]。——英文版补注

④ 斯普朗格(Spranger)(1882—1963 年),德国哲学家、心理学家、教育家,狄尔泰的学生。——中译者注

在原则上很少澄清和把握了的立场。

第三节 作为实际性的自身解释的解释学

在下面将要讨论的内容的标题中，我们并不在现代的意义上来使用“解释学”(Hermeneutik)这个词，而且它也绝不是迄今为止一般所使用的解释学说的含义。在其本源的意义上，毋宁说这个术语指这样一个规定的统一体：实际性的解释(Auslegens der Faktizität)之“传达的”(ερμηνευειν)实现，即：遭遇(Begegenung)、观看(Sicht)、把握(Griff)和概念(Begriff)表达的实现。

我们之所以在其本源的意义上选用这个词是因为它——虽然原则上讲并不充分——明显地突出了几个因素，这些因素在研究实际性(Faktizität)中发挥作用。考虑到其“对象”(Gegenstand)，解释学作为这个对象要求的通达方式清楚地表明，作为能够解释和需要解释的东西，这个对象有其自己的存在，而且是以某种被解释状态(Ausgelegtheit)①属于它自己的存在。解释学具有这样的任务：使每个本己的此在就其存在特征来理解这个此在本身，在这个方面将此在传达给自身，此在消除自身的陌生化。在解释学中，对于此在来说所形成的是一种以它自己的理解方式自为地生成(zu werden)和存在(zu sein)的可能性。

---

① “被解释状态”指公众对事情流行的解释和说法。海德格尔在别处有过一个解释：“实际生命(此在——中译者按)始终活动于一种被解释状态(Ausgelegtheit)中，活动于一种传承下来的、经过修改或重新加工的被解释状态中。……在这种被解释状态中，已经在方向上一道确定了生命如何把自身纳入关照之中”(引自海德格尔《对亚里士多德的现象学阐释——解释学处境的显示》，载《形式的现象学：海德格尔早期弗莱堡文选》，孙周兴编译，同济大学出版社2004年版，第83页)。——中译者注

这种产生于解释中的理解不能和在别处称为对另一个生命作认知态度上的理解完全相提并论；它根本不是任何意义上的指向……的自我态度（意向性），而是此在本身的一种如何（Wie des Daseins）；从术语上讲，它可以预先规定为此在对自己的觉醒（Wachsein）。

解释学不是一种人为想出来的以及满足此在的好奇心的分析方式。从实际性本身中所要突出的是：如何（inwiefern）和何时（wann）要求这种确定的解释。在这里解释学和实际性之间的关系不是一种对象的把握和被把握的对象之间的关系（这只不过在已预设的关系中衡量自身），相反，解释本身是实际性的存在特征之可能的独特方式。解释（Auslegung）是实际生活本身之存在的在者的方式。如果我们——非本真地——将实际性称为解释学的“对象”（正如植物被称为植物学的对象一样），那么我们就会在这种对象本身中去发现这个东西（解释学）（好像植物，无论它们是什么和如何是，都来自于植物学和伴随着植物学一样）。

如前所述，解释学与其“对象”具有存在的关系，这种关系使得解释学的开端、进行和占有在存在方式上（seinsmäßig）和实际时间上（faktisch zeitlich）先于科学的实现。解释学不成功的可能性原则上属于它自己最本己的存在，阐释的明见性（Evidenzcharakter）原则上讲是容易改变的；先提出这样一个“本质直观”（Wesenseinsicht）的极端明见性的理想是对它能够做和应当做的事情的一个误解。

解释学研究的主题乃是每一本己的此在，而且是作为解释性地询问关于它的存在特征，旨在发展它自己的彻底觉醒。实际生活的存在在这方面突出的是：它在其能在（Möglichseins）的如何(Wie)中存在(ist)。此在(实际性)所是的自身最本己的可能性(确切地说没有这种可能性在此)可称为生存(Existenz)。正是涉及这个本真存在自身,实际性通过解释性的追问被置于先有中,从这里而且在这里,实际性得到解释;在此逐渐形成的概念性的说明被称为生存论环节(Existenzialien)。

"概念"不是图型(Schema),而是一种存在的可能性,瞬间(Augenblick)的可能性,即瞬间构成的可能性;一种获得的意义;指向先有(Vorhaben),即将我们置于一种基本的经验中;指向先把握(Vorgriff),即要求一种表达和询问的方式;也就是将我们置于与其解释倾向和忧虑相一致的此在中。基本概念并非后来拥有的,而是先就拥有了:把握的此在用基本概念的方式去把握。

不能作为一个素朴和详述的论题对象出现的解释之先有(Vorhabe)恰恰就是其存在特征的标志。作为构成性的,而且是决定性的方式,本身与此之在(*da* sein)联系在一起的解释分有此在的存在特征:能在(Möglichsein)。这种能在受到限制,并根据处境会产生实际的变化,解释学的追问基于这种处境来进行;所以先有绝不是任意的。

"生活只有在经历过后才能得到解释,正如基督只有在其复活之后才开始解释《圣经》并指出圣经如何谈到他"(克尔恺戈尔,日记,1838 年 4 月 15 日)①。

解释学中的基本追问状态(Grundfraglichkeit)及其目的

---

① *Die Tagebücher* 1834—1855. *Auswahl und übertragung v. Th. Haecker* (Leipzig, 无日期), S. 92 (Munich, 4th, 1953, S. 99). ——原注。[*Søren Kierkegaard's Journals and Papers*, Vol. 1, Howard V. Hong 译(Bloomington: Indiana University Press, 1967), p. 449(有改动)]。——英文版补注

(Absehens):对象:此在只存在于其自身中,它存在着(ist),但却是作为自己走向自己的存在!这种解释学的存在方式不能摆脱或以一种人为的替代方式来讨论,它要以一种决定性的方式来考虑。在它里面所表达的是如何向前跳跃(Vorsprung)而且只能向前跳跃。向前跳跃:不设置一个终点,而是要将走向途中的存在(Unterwegs)考虑进来,使它自由、开放,牢牢地把握能在。

与之相应的是先有的基本的追问状态(*grundsätzliche Fraglichkeit*),它在存在的所有特征中澄明;存在者层次上的追问状态(*ontische Fraglichkeit*):操心、不安、畏、时间性。正是而且只有在这种追问状态中,我们才取得这个立场,在这个立场中以及为了这个立场,能够存在着某种这样的东西:设立一个"固定"的终点。这只有在固定、不固定之处,作为此在的方式,才具有存在!死亡的问题如何处于这种关系中?

只有在解释学中,这个立场才会形成,才会得到彻底的追问,而不受传统的人的观念引导。(于是产生了这样的问题——如何设问,当然是如何根本性地去设问。从这个追问状态的观点来看,能在不是作为某种独立自主的具体生存状态的东西而成为可见的吗?)

此外:解释从"今日"(Heute)开始,也就是说,在规定的、平均的理解状态下开始,哲学源于这种状态而存在,并且在这种状态中,它返回到言说(zurückspricht)。常人(das Man)都要处理一定实际的事情,这不只是一种沉沦现象(Verfallsphänomen),而且其本身也是实际性的此在(faktischen Dasein)的一种方式(Wie)。

实际性的理解范围不能预先确定。同样,这种理解作用不能用领会和交流数学公式的标准来衡量,从根本上讲这是不重要的,因为解释学在处境中发挥作用,而且从这里出发,理解才是可能的。

在解释学的理解中不存在任何超越形式之上的"普遍性"(Allgemeines);如果存在着这样的东西,任何自身理解的解释学就会有这样一项任务:要求与这种普遍性保持距离,要求注意每一实际性的此在,并返回到它。"形式的"东西绝不是某种独立的东西,而只是世人减轻负担的一种手段。解释学并不是要获得知识(Kenntnisnahme),而是要达到一种生存状态的认识(existenzielle Erkennen),即一种存在(ein Sein),解释学根据解释并为了解释而言说。

解释学的投入(hermeneutische Einsatz)——这类似于孤注一掷的游戏——所以这种在其中实际性预先被感受到的"作为什么"(als was)、我们被投入其中的决定性的存在特征是不能虚构的;但它也不是一个现成的占有,而是从一个基本的经验中产生和发展出来的,也就是说,这里有一种哲学的觉醒(Wachsein),在这种觉醒中,此在与它自己相遇。这种觉醒是哲学的,其意思是:它存在于一个本源的自身解释(Selbstauslegung)之中,哲学根据其自身已将这种自身解释赋予自己,而且这样,本源的自身解释便构成了此在自我相遇的一种决定性的可能和方式。

哲学关于它自己的这种自我理解(Selbstverständigung)的基本内容必须突出出来,而且这个基本内容要预先显示出来。它对于这种解释学所要说的是:(1)哲学是实际生活中存在着的一种认识方式,在这种认识中实际性的此在无情地被拉回到它自身和被抛回到它自身。(2)作为这种认识的方式,哲学没有任何使命去关心普遍的人性和文化，使后代从操心的追问中一劳永逸地解脱出来，也没有任何使命在通过错误的要求达到有效性的过程中去干预他们，哲学只能是作为它的“时代”（Zeit）的哲学，“时间性”（Zeitlichkeit）。此在在其当下存在的方式中工作。

但这绝不是说要我们尽可能的现代化，即听从今天所谓公众的需要和傲慢的声音。现代的一切都能在这样的事实中认识到：它人为地不知不觉中偏离了其本己的时间，而且只有如此才能造成一种“效果”（Wirkung），（忙碌、宣传、兜售自己的观点或信仰、党同伐异、狡诈的投机）。

与之相反，正如此在与它自己，即与它的存在特征相遇，它的觉醒何时被引向这样一个事情无法预料，而且它与普遍的人性无关，也与公众无关，相反，它是每个场合下具体实际性的特定和决定的可能性。我们越成功地将实际性解释学地带入到我们的把握和概念中，这种可能性就越明显；然而，“同时”，它已充分利用它自己。当人们按照这样的观念来理解它预先出现是为了满足哲学的好奇时，生存本身作为每个当下此在确定的历史的可能性，就已被破坏了。生存绝不是“对象”，而是存在；如果它“是”（ist）每个场合下的生命（Leben），那么它只不过是在“此”（da）存在而已。

如果这种投入（Einsatz）①只是这样在此，那么它就不是一个普遍推理和公开讨论的对象。这些只是人们喜欢的手段，这些手段与实际性的此在的正确方向背道而驰。如今到处流行这样的诉求：（1）人们不应过多地去考虑前提假设，而应去看事情

① 即上面讲到的“解释学的投入”。——中译者注

本身(事情哲学);(2)前提假设必须是公众一般明白的,即,危险最小,最容易懂的——这两个要求都围绕着一种纯客观的、绝对的哲学,但它们只不过是面对哲学之恐惧(Angst)的虚假呼喊。

在"这种"哲学的任务中解释学应摆在哪里,这个问题是补充上去的,如果问题没有置于一种原则上错误的方式之中,那就根本无关紧要。本讲座的标题易让人感到意外、奇怪,这不应诱使他们去做空洞的反思。

如果应该到时(zeitigen)①的实际性的觉醒没有出现,那么解释学的历史再长,也不重要;所有关于它的谈论原则上都是误解。对我来说,如果这种个人的评论能成立的话,那么我认为解释学根本就不是哲学,而是某种暂时性的东西,虽然它有其最本己的性质:在这里所要做的并不是要尽可能快地结束,而是要尽可能长久地经受。

我们今天已变得软弱无力,以至于我们不再经受得住疑问(Frage);当一个哲学医生不能回答问题时,人们马上就会去面对下一个疑问。需求增加供给,用时下流行的话来说,这叫做:哲学的兴趣膨胀。

解释学本身不是哲学;它只希望将迄今为止一个被遗忘了的对象置于当代哲学家的面前,以"引起重视"(geneigten Beachtung)。今天人们对这类无关紧要的事情不抱希望,这在哲学的忙碌中不足为奇,一切都与这一点有关:在这里——正如人们所听到的那样——"形而上学的复兴"刚刚开始,切勿来得

① 其意思是"时间化和展开"。它同海德格尔的"时间"、"时间性"的概念相联系。——中译者注

太迟，在这里人们只知道关心自己和他人与敬爱的上帝保持友好的关系，以便得到帮助，这种上帝最廉价、最方便，同时又是直接有利可图的，它是人们通过一种本质直观（Wesensschau）得到的①。

第二章　实际性的观念和“人”的概念②

在我们指明的解释学主题的定义中，实际性＝当下我们本己的此在，在原则上我们避免这样的表达：“人的”此在或“人的存在”。

“人”的概念，即：（1）有理性的动物；（2）人（Person），人格（Persönlichkeit），是在经验和观察到的世界上各种对象关系中产生的，这些关系在任何情况下都是以一种确定的方式预先被给予的。第一个概念属于事物的关系，这种关系通过植物、动物、人类、魔鬼、上帝这样一个对象顺序显示出来。（这里我们丝毫不考虑现代意义上的自然科学的那种特有的经验，尤其是现代生物学的那种经验）。第二个概念产生于基督教对作为上帝的一个造物——人——的天赋的解释，这种解释来自《旧约》的启示。这两个定义与确定这样的因素有关，凭借这些因素，一个预先给予的事物被提供，随后一个确定的存在方式被归结到这个既定的事物上，也就是说，后者一直无差别地被定义为一个现实的存在。

另外，我们应当小心这个概念：“有理性的动物”，因为它没

① 海德格尔附加了这句话：“不与陌生和有问题的（fraglichen）标准和框架作比较；着重强调它是某个基础性的东西！”——原注

② 海德格尔的标题。——原注

有抓住这样一个决定性的意义:“ζωον λογον εχον”[会说话的动物]。在古希腊学院派哲学家(亚里士多德)那里,“Λογος”(逻各斯)绝不是指“理性”,而是指说话(Rede)、交谈(Gespräch);所以,人是一个以言说方式来拥有它的世界的在者①。这种被敉平了的概念在斯多葛派那里已得到了使用,而且“λογος”(逻各斯)、“σοφια”(智慧)、“πιστισ”(信仰)作为实在的概念在古希腊的思辨和通神论中就出现了。

今天流行的有关人的各种概念返回到上面提到的两个源头,相关的人的观念与康德和德国唯心主义有关,抑或与中世纪神学有关。

第四节 《圣经》传统中的“人”的概念

作为人(Person)来解释的人(Menschen)的观念,吸收了古希腊的观念“ζωον λογον εχον”(会说话的动物),它是通过一句话的引导得到的,对基督教神学来说,这句话从不同的观点看一直是一个古典的解释,在《旧约·创世记》第1章第26节的LXX(希腊文的《旧约圣经》)中:και ειπεν ο θεος. Ποιησωμεν ανυρωπον κατ' εικονα ημετεραν και καυ' ομοιωσιν.[“上帝说,‘让我们按照我们的形象和样子来造人吧’。”]“ειπεν”(形象)和“ομοιωσιν”(样子)这两个词在意思上几乎是同义的。

(来自上帝看待人的观念;在特定的时代存在着各自的[jeweiliger]宗教状态,有两个方面。)比较库恩(Kuhn)的说法:有感觉的理性本质(natura[本性],ουσια[本质,存在])——一

① “1924年夏季学期表达得更好”(后来海德格尔加上的评语)。——原注

“个人”的本质(υποστασις[本质],substantia[实体]),“capax alicujus veritatis de deo”[“能得到关于上帝的某种真理”]和“alicujus amoris dei”[能得到上帝的某种爱][托马斯·阿奎那]①。

《创世纪》的解释史始于保罗,《哥林多前书》,第11章,第7节写道:ανηρ μεν γαρ ουκ οφειλει κατακαλυπτεσθαι την κεφαλην,εικων και δοςα θεου υπαρχων.[“男人本不该蒙着头,因为他是上帝的形象和荣耀”。]

比较《哥林多后书》,第3章,第18节和《罗马书》,第8章,第29节:“οτι ουςπροεγνω, καιπροωριςεν συμμορφους της εικονος του υιου αυτου, εις το ειναι αυτον πρωτοτοκον εν πολλοις αδελφοις.”[“对于他预先知道的人,他也预先定下效法他儿子的形象,使他儿子在众多兄弟中做长子。”]

问题:女人是什么呢?

塔提安(Tatian)②(大约在第150页上)说,Λογς προς Ελληνας:μονος δε ο ανθωπος ειων και ομοιωσις του θεου, λεγω δε ανθρωπον ουχι τον ομοια τοις ζωοις πραττοντα(不是作为[一个动物]),αλλα τον πορρω μεν της ανθρωποτητος προς αυτον δε τον θεον κεχωρηκοτα(而是作为一个更高级的东西)③。显然这里思考人的两个基本方式被明确规定了。

奥古斯丁说:“*Et dixit Deus, Faciamus hominem ad imaginem*

---

① *Die christliche Lehre von der göttlichen Gnade I. Theil*. Tübingen 1868, S. 11.

② 塔提安(约110—172年),古代基督教代表人物之一,主要著作有《四福音合参》(Diatessaron)等。——中译者注

③ Texte und Untersuchungen zur Geschichte der altchristlichen Literatur, hrsg. v. O. v. Gebhardt u. A. Harnck. Bd. IV, H. 1. Leipzig 1888—1893, Kap. 15 (68), S. 16, Z. 13 - 16. ——原注

et similitudinem nostrum. Et hic animadvertenda quaedam et conjunction, et discretion animantium. Nam eodem die factum hominem dicit, quo bestias. Sunt enim simul omnia terrene animantia; et tamen propter excellentiam rationis, secundum quam ad imaginem Dei et similitudinem efficitur homo, separatism de illo dicitur, postquam de caeteris terrenis animantibus solite conclusum est, dicendo, Et vidit Deus quia bonum est."［"上帝说:'让我们按照我们的形象和样子来造人吧。'这里我们应当注意动物如何各从其类、相互分离。《圣经》上说,人作为动物是上帝同一天创造出来的,因为他们都类似地上的动物。然而由于卓越的理性(根据这种理性人按照上帝的形象和样子被创造出来),在上帝创造完其他地上的动物以惯有的方式说道'上帝看到它是好的'后,上帝单独说到人。"］①(而不说 *Et factum est*［"它被创造"］和 *et fecit Deus*［"上帝创造"］。类似的表达:Faciamus［"让我们创造"］——Fiat［让存在］②)。

托马斯·阿奎那说:"*de fine sive termino productionis hominis prout dictur factus ad imaginem et similitudnem Dei.*"［"人的创造活动终止于上帝说完人按照他的形象和样子创造出来"］③。

Quia, sicut Damascenus dicit, lib. 2 orth. Fid., cap. 12, a princ., homo factus ad imaginem Dei dicitur, secundum quod per imaginem significatur intellectuale, et arbitrio liberum, et per se po-

---

① De Genesi ad litteram imperfectus liber. Migne XXXIV. Praris 1845, Paris 1845, cap. 16, 55, S. 241. ——原注

② 参见 *De Trinitate*. Migne XLII. Paris 1841, Liber XII, cap. 7, 12, S. 1004. ——原注

③ S. th. (Parma) I, quaest. XCIII prologus. ——原注

testativum, postquam praedictum est de exemplari, scilicet de Deo, et de his quae processerunt ex divina potestate secundum ejus voluntatem, restat ut consideremus de ejus imagine, idest, de homine: secundum quod et ipse est suorum operum principium, quasi liberum arbitrium habens, et suorum operum potestatem. ["人是按照上帝的形象创造出来的，因为正如大马士革(的约翰)[(John of) Damascenus]①告诉我们的那样[《论正统信仰》第2卷，第12章(De fide orthodoxa, Bk. 2, Ch. 12)]，他有智慧，并且能自由地判断和掌握自己，所以，自此以来，我们就一直同意上帝是万物的原型和原因，万物出自他的意志和力量，而我们继续洞察这一形象，也就是说，将人视为他自己的行动和堕落的根源，他向自己负责，受自己支配。"]②此话含有这部中世纪主要神学著作的内在的方法论结构。

茨温利(Zwingli)③说："ouch daß er (der mensch) sin ufsehen hat uf gott näher anerborn, etwas mee nachschlägt, etwas züzugs zu jm hat, das alles on zwyfel allein darus flüßt, daß er nach der bildnuß gottes geschaffen ist. ["……他(指人)敬仰上帝及其圣言，他清楚地显示出，在本性上他生来就有些接近上帝，是按照上帝的样子产生出来的，而且具有某种被引向上帝的东西——所有这一切无疑来自于他按照上帝的形象被创造出来"。]④

---

① 指大马士革的约翰(John of Damascus, 696—754)，中世纪拜占庭哲学家、神学家。著有《论正统信仰》。上文中小括号中的字为中译者所加。——中译者注

② S. th., prologus zu II(海德格尔在某种程度上强调它)。——原注

③ 茨温利(1484—1531)，瑞士宗教改革家。——中译者注

④ Von klarheit und gewüsse oder unbetrogliche des worts gottes. In: *Werke* I. Der deutschen Schriften erster Theil. Zürich 1828, S. 58(海德格尔的强调)。——原注

加尔文说:His praeclaris dotibus excelluit prima hominis conditio, ut ratio, intelligentia, prudentia, iudicium non modo ad terrenae vitae gubernationem suppeterent, sed quibus transcenderent usque ad Deum et aeternam felicitatem. [人的优越禀赋使他出类拔萃:理性、智慧、审慎和决断不仅使人足以驾驭尘世生活,甚至还可以使他直达上帝和永恒福祉。]①

从这里,人格解释经过德国唯心主义到达舍勒②。

舍勒自己以传统的方式回到已变得不真实的古代的提问方式;只是通过使用纯粹的现象学的观看方式和解释方式而变得后果更加严重了③。他要"在整个存在、世界和上帝的范围内,来确定'人'(genus *homo*)的形而上学的位置……"④。他想去掉观念的"神话形象的外表",来把握事情本身⑤。

舍勒区分了自然科学的"homo naturalis"(自然的人)⑥和"homo historiae"(历史的人),前者是"事情属性的统一体","动物学分类"的统一体,后者是"理想的统一体,作为在精神科学和哲学中出现的'人'的统一体"⑦,康德的区分——自然的概念和理知的概念——被淡化了。从意向性和本质学(Eidetik)的观

---

① *Institutio* I, 15, 8(海德格尔的强调)。——原注

② 参见 *Zur Idee des Menschen*. 1. Aufl. In: Abhandlungen und Aufsätze I. Bd. Leipzig 1915, S. 319 – 367(i. w. Zit.: Zur Idee des Menschen). 4. Auflage erschienen in: Vom Umsturz der Werte. Abhandlungen und Aufsätze. Ges. Werke 3. Bern 1955, S. 173 – 195. ——原注

③ 参见 S. 346, 186[这里(下面也一样),第一个数字给出的是第1版的引文出处,第二个数字给出的是第4版的引文出处]。——原注["On the Idea of Man", p. 192]——英文版补注

④ 同上, S. 319, 173. ——原注

⑤ 同上, S. 320, 173. ——原注

⑥ 同上, S. 319—367, S. 322, 174. ——原注

⑦ 同上, S. 323, 175. ——原注

点看，"……一种人类学的错误"①，"外在的"一切，"事情哲学"(Sachphilosophie)！！

"人是什么"——这个问题的意义、预见、解释学！他是"'超越'本身的意图和姿态"②、一个上帝的追寻者、"一个'之间'(Zwischen){……}的'边界'"。(动物—上帝，两者被接受)，"一个永恒的'超越'(Hinaus)"③，一个获得恩典的"通道"④，"……'人'的唯一有意义的观念完全[是]一个'拟神说'(Theo-morphismus)的观念，即一个X的观念，这个X是一个有限的和活的上帝的形象、一个类似于上帝的样子——投射在存在巨墙上的上帝的无限影象之一！"⑤显而易见，人是：一个全景！一幅图画，一个故事！

古代神学被舍勒随意地拿来就用[比较：瓦伦廷的神秘直觉(Valentinianische Gnosis)⑥：σαρζ-ψυχη-πνευμα，caro，anima，spiritus(肉体、灵魂，精神)]，然而古代神学家至少涉及的是神学，而舍勒将一切都翻过来了，从而既败坏了神学，又败坏了哲学。这种对实际性视而不见的特殊看的方法被舍勒非常刺眼地运用于自己的书中。

---

① 参见 *Zur Idee des Menschen*. 1. Aufl. In: Abhandlungen und Aufsätze I. Bd. Leipzig 1915, S. 319 – 367(i. w. Zit.: Zur Idee des Menschen). 4. Auflage erschienen in: Vom Umsturz der Werte. Abhandlungen und Aufsätze. Ges. Werke 3. Bern 1955, S. 321, 173f. ——原注

② 同上，S. 346，186. ——原注

③ 同上，S. 347f，186. ——原注

④ 同上，S. 348，187. ——原注

⑤ 同上，S. 349，187. ——原注

⑥ 瓦伦廷是诺斯替教的代表人物。诺斯替教是早期基督教教派之一，盛行于公元二世纪。"诺斯"在希腊文中是"真知"(Gronsis)的意思，但它是神秘的。基督教正统派将诺斯替教视为异端。——中译者注

第五节　人的神学的概念和“理性动物”的概念①

解释学论述的对象是当下本己的此在——它源于对其存在特征和这个存在的现象结构的追问;所以鉴于一个普遍的区域分类的观点,解释学从这里划出一个领域,目的是以一种特定方式作指导对它进行系统的探讨。

在选择与本讲座标题有关的术语来指称并把握这个存在领域时,我们已经避免而且还会继续避免这样的表达:“人的此在”(menschliches Dasein),“人的存在”(Menschsein)。在其所有的传统的范畴形式中,人这个概念原则上讲会妨碍我们对实际性的理解。“人是什么?”这个问题用一个异于它的对象阻碍了它对真正要探求的东西的认识(参见雅斯贝尔斯)。

如果人们用传统的定义“理性的动物”作指导,那么作为所谓此在者的人对于这个研究来说已预先被置于探讨确定的范畴形式中了。以这个定义作指导,这种描述就已陷入到一个规定的视位(Blickstellung)②了,而没有在其中把握活生生的本源起因。

其实,“理性的动物”这个定义很久以前就已从其本源的土壤中、从一个真正阐释它的可能性中剥离了③,此外它的影响在

---

① 海德格尔的标题是:“对(手稿)第4页的补充。实际性的观念和人的概念”。这个第5节(直到第29页)没有在课堂上讲。——原注

② “Blickstellung”(或“Blickstand”)译为“视位”。对于这个词海德格尔所强调的不是认识论意义上的视点,而是具有生存论意义的我们特定时间中“看”的视野(Gesichtsfeld),它属于我们历史的实际性存在的一部分。这个词同海德格尔的作为解释学处境的“先见”、“视域”(Horizon)有关。参见本书英文版尾注29。——中译者注

③ 参见亚里士多德:《尼各马可伦理学》,A6。——原注

近代哲学（康德）中通过一种解释得到了规定，在这种解释中，基督教神学的动机起着很大的作用。人性、人格、个人存在的观念的意义只是从这里得到理解——作为定型的非神学化观念（Enttheologisierungen）而被理解，参见康德的《纯然理性限度内的宗教》（1793 年）①。

舍勒②对康德关于人的观念的基本根底了解甚少，以至于他将康德的敬重感（das Gefühl der Achtung）只是作为一个“特别的例外”来说明，他不愿意看到自己的人的观念只在这方面不同于康德：它更加独断，并且使哲学和宗教的边界更加模糊不清，也就是说，既败坏宗教又损害哲学及其批判追问的可能性。

当舍勒③将人界定为“‘超越’自身的意向和姿态”，界定为一个“上帝的追寻者”时，这并非根本不同于康德的“对……怀有敬重”（Achtung haben für）的观念，后者是向作为道德法则的遭遇方式“应当”敞开的。

舍勒在这些基本的起点中所造成的混淆程度表现在其他事物中，即他关于人的观念直指其语言形式，就是指宗教改革所突出的与肤浅的、经院哲学的亚里士多德主义相对立的那种形式，比较茨温利、加尔文。在这一过程中再次遭忽视的是：在神学中，人的各种状态、存在方式必须在原则上加以区分（status integritatis，status，corruptionis，status gratiae，status gloriae）［纯洁的状态、堕落的状态、恩典的状态、荣耀的状态］，而不能随便地用

① 载 *Sämmtliche Werke*, hrsg. G. Hartenstein, Leipizig 1868, Bd. VI, S. 120. ——原注

② *Der Formalismus in Ethik und die materiale Wertethik*. 载 *Jahrbuch für Philosophie und phänomenologische Forschung* 2(1916), S. 266. ——原注

③ *Zur Idee des Menschen*. S. 346, 186. ——原注

一个替换另一个。

当舍勒说"是路德……第一次明确地将他{指人}定义为'caro'(肉体)"[①]时,我们应当注意,这里舍勒将路德混同为先知以赛亚(Isaiah)(《旧约·以赛亚书》,第40章,第6节),参见路德的话:Porro caro significat totum hominem, cum ratione et omnibus naturalibus donis. ["肉体进一步指具有理性和自然禀赋的整个人类"][②]。这个肉体从一开始便处于被规定了的"堕落状态"(status, corruptionis)中:它属于 ignorantia Dei, securitas, incredulitas, odium erga Deum [轻视上帝、安全、怀疑、敌视上帝]的状态;属于一个明确的同上帝的否定关系,人处于上帝的对立面,就这样构成的!

用"理性的动物"这个定义作指导来看待人,这个观点将人和其他有生命的存在(植物、动物)放到一起来理解,而且是将他视为一个拥有语言(λογον εχον)的存在者,这个存在者谈论它的世界——一个它在与各种事物打交道的"πδραζις"(实践)中产生的原初世界,一个广义上的操劳(Besorgens)的世界。后来的定义"animal rationale",即"理性的动物"只是无差别地根据这个词组的字面意义来理解的,它掩盖了这一点:人这个定义原本是在直观基础(Anschauungboden)上形成的。

但是在基督教对此在的反思中,这个命题定义和语句定义成了毋庸置疑的人的观念的神学定义之基础,人的观念就是从它里面发展出来的(理性的=能知的)。这个神学定义只在其

---

① *Zur Idee des Menschen*. S. 325, 176. (海德格尔的强调。)——原注

② *In Esaiam Prophetam Scholia praelectionbus collecta, multis in locis non parva accessione aucta*(1534), cap. 40. WW(Erl. Ausg.), Exegetica opera latina XXII, ed. H. Schmidt. Erlangen und Frankfurt 1860, S. 318.

认识原则的尺度中，也就是说，只有返回到启示录，即根本的《圣经》中才会得到实行。以此为引导的是《创世记》中的第1章，第26节：και ειπεν ο θεος. Ποιησωμεν ανυρωπον κατ' εικονα ημετεραν και καυ' ομοιωσιν（“让我们按照我们的形象和样子来造人吧”），人被纳入到信仰的尺度，作为预先被定义为根据上帝的形象创造出来的存在。除了希腊的定义外，它外在地采纳了基督教关于人的本质定义，依赖上帝的观念，将上帝的观念加到希腊定义上，便构成了关于人的标准观念。

此外：对于信仰来说，人正是处于这种如其当下遭遇和所在的方式中，“堕落”或通过基督来拯救和恢复。堕落、原罪并不来自上帝，而是人自己进入到这种状态的；所以，作为上帝的造物，人一定原本是善的（bonum），而它以这样一种方式存在，即堕落的可能性同时就被给予了。造成信仰者现在所处的这种状态本身就来自于某个特定时期各自的原罪本源经验的推动，而且对信仰者来说，这种经验是由各自当下的与上帝有关的本源状态或非本源状态所推动的。

这个范围的经验关系是基督教神学人类学的基础，这种人类学总是在各个时代根据这个基础来调节自己。

在现代关于人的存在的哲学观念中，为了人的存在而建构起来的与上帝的关系本身被中立化为一种标准意识和价值意识，“自我极”（Ichpol）作为这样一个本源的行动基础、行动中心（αρχη[本源]）。

如果关于人的各种独断的神学基本定义要在彻底的哲学反思中被锁闭（它不只是这，而是现实的存在论的任务，如果它已有了一个回答，那么它便受到这种理解的阻碍），那么我们就必须放弃一个明确的或首先是隐蔽的、不明确的倾向于已被规定的人的观念。

实际性的概念：每个我们本己的此在，在被定义的术语“本己的”、“占有”（Aneignung）、“被占有”（angeeignet）中，最初绝不包含“自我”、人、自我极，行动的中心等观念，甚至当自我（Selbst）的概念使用时，也没有“自我的”（ichlichen）本源！［比较意向性及其“αρχη”（本源）］。

第六节　作为此在在其当下性中的实际性，“今日”①

这里探讨的主题是实际性，即，作为其存在特征（Seinscharacter）来追问的本己的此在。这一切都在于，最初通达这个解释学阐释的“对象”并非预先做出，而这最终意味着迷失了它。所以有必要牢牢把握在作为可能的实行方向的实际性的概念中预先一起被给予的指示（Weisung）。本己的此在乃是其所是，而且只是在其当下中的“此”。

当下性的一个规定就是今日（Heute）②——当前中的每一逗留（Je-Verweilen），每一本己的当下。（作为历史的、其当前的此在，在世界中存在，从世界而来的生命存在；当前的平日）。

最初的解释将自己视为指引与论题对象本身有关的这里所规定的“今日”。这个指引（Werveis）不仅不应削弱，而且把握实际性的可能性就取决于本源性（Ursprünglichkeit），与该本源性一起，我们还要抓住这个指引并追踪到底。此在的特殊范畴应当在公众的今日的被解释状态中表现出来，为了做到这一点，我们需要领会这些特殊范畴。存在论意义上的今日指的是：最切

① 海德格尔的标题是：“处境的解释学”。——原注

② 这一段话概括说明了海德格尔所谓的“今日”，它与实际性的此在的“当下性”有关。除了本节外，第10节也谈到了“今日”。——中译者注

近的当前（Gegenwart des Zunächst）、常人、共处同在（Miteinandersein）——“我们的时代”。

对今日的指引在两个方面被削弱并导致根本的误解：（1）首先，当真正地试图遵循这个指引，通过广泛的当下所谓“最有趣的倾向”（Interessantesten Tendenzen）的模仿描述（Abschilderung）去从解释学上把握今日时。（2）此外，当这个指引在每种情况下都是本己的此在而面向一个仓促但又完全固执己见的徒劳的苦思（Zergrübelung）的指引时。两者在世界的方式——文化和自我世界——中好奇。

上面对今日的指引取决于解释学的解释，而不是对“正在发生的事情”做世界性的报道。“今日”，在我们的日子中，即日常状态、融入到世界中，根据这个世界而言说、操劳（Besorge）。上面分析的两种误解的可能性不是偶然的，而是在其本来的道路上，这两种可能性就一直存在，伴随这种可能性解释学的实施抵制滑向这两个方面。

这里所揭示的解释的强大动力来自于克尔恺戈尔的研究，但他的前提、开端、论述的方式和目的从根本上讲与我们是不同的，因为他对此处理得过于简单，基本上考虑的只是他所追求的那种本己的反思。他是一个神学家，站在信仰的立场中，原则上处于哲学之外，而今日的处境则是一个不同的处境。

所以，决定性的是今日被这样提到的分析的起点，在这里存在特征（Seinscharakter）已经如此这般地成为可见的了。那么，这样一个存在特征必须要成为透明的，如此便进入到实际性的现象领域。但只有此时，我们才能提出这样的问题：在分析开端的被把握的存在特征中，“今日”是否已与我们相遇。

只有当实际性的基本现象——“时间性”（不是范畴，而是生存论的性质）成为清晰可见的时候，“今日”才能根据其存在论的特征被充分定义为实际性（生存）。

按照有关它的预测，现在可以作出这样的规定：此在有它的公众状态（Öffentlichkeit）及其视野。此在在一种被规定的关于它自己的话语方式中活动（基本现象）：闲言（Gerede）（术语）①。它自己“的”（von）这种言谈（Reden）是公众的和平均的方式，此在以这种方式来把握自己和保存自己。存在于这个言谈中的是一种受到规定的此在对自己预先就有的领会（Voraufassung）：是“作为什么”（als was）（此在在其中表达“自身”）来引导的。闲言就遵循这样的方式（Wie），在这种方式中，此在自身受到既定的被解释状态支配，这个被解释状态并不是某个加到此在身上、外在地运用于此在或贴到它上面的东西，而是某个它进入到自身、生活于其中并且根据它而被赋予生命（它存在的一种方式）②的东西。

今日的这个被解释状态进一步为这样的事实所表征：它不是直接明确表达出来的经验，不是直接地出现，它是此在的一种方式，任何此在源于这种方式生存着。正因为它构成公众状态，而且作为这样的东西，它包含着平均状态（Durchschnittlicheit），在这里每个人容易跟随并陷入其中，无人幸免。闲言以一种固有的对差别无感觉的方式来谈论一切。作为这种平均状态，这种无危险的“最切近”（Zunächst），即首先而又通常（Zunächst als

① 关于“闲言（Gerede）”，可参见海德格尔：《存在与时间》，第35节。——中译者注

② 海德格尔将其删去，加上评语“太快”。——原注

Zumeist)①,公众状态就是“常人”(Man)的存在方式:人们都说……,人们都听到……,人们都讲述……,人们都认为……,人们都期待……,人们都赞同……。闲言属于无人(niemand),无人对它负责,常人已谈到过它。

人们甚至连写书也根据这样的道听途说,这个“常人”就是“无人”,它像一个幽灵一样在实际性的此在中传播着,它是任何实际生活(faktische Leben)都要付出代价的一种命中注定的实际性的方式。

此在的被解释状态限定了活动的范围,在这个范围内此在自身可以提出问题和要求,它就是所给予的指向存在特征的实际性之此—在(Da-sein)中的“此”,一种规定的可能的看视方式和视界范围。此在以某个方式来谈论自己、看待自己,而这只是它拿来掩盖自己以免恐惧的一个面具,防止焦虑。这样看到的乃是面具,在这个面具中,实际性的此在让自己照面,在这个面具中,它显示自身好像真的如其所“是”;在这个公众的被解释状态的面具中,此在使自己按照最高的生活状态(即忙碌的生活状态)表现出来。

例如:文森特·凡·高曾在一个寻求本己此在的批判时代

---

① 在海德格尔那里,“Zunächst”(最切近)与此在实际的空间性有关,其意思是指在世界内离我们最接近的,最直接的东西。“Zunächst als Zumeist”是海德格尔自造的一个新词,意思是“首先而又通常”。海德格尔后来在《存在与时间》有一相似的表达:“Zunächst und Zumeist”,可译为“首先与通常”。海德格尔说,“我们曾把此在首先与通常(Zunächst und Zumeist)处身其中的那一存在方式称为日常状态”。“‘首先’(Zunächst)意味着:此在借以在公众的共处中‘公开地’存在的方式,即使此在‘其实’恰恰在生存上‘克服’了日常状态。‘通常’(Zumeist)意味着:此在借以虽非永远地、然而却‘常规地’向人人显现的方式”[引自海德格尔:《存在与时间》(修订本),陈嘉映、王庆节译,三联书店1999年版,第419、420页]。此外,本讲座第18节出现了另一个近似的表达:“Zunächst und Demnächst”,意思是“首先和大多”。参见英文版尾注35和75。——中译者注

致信给他的弟弟，写道："我宁可自然地了此一生，也不愿在大学里等死……"①这并不是说，要支持今天到处存在着的对学术领域不完善的抱怨和要求对它进行更强有力的制裁，毋宁说，是要追问：发生了什么？凡·高创作、画画犹如发自内心，并在与其此在的争执中发疯了。

今日：学术领域和大学的状况更成问题，发生了什么？什么也没有发生。人们在撰写关于学术危机、关于学术职责的小册子。一个人对另一个人讲：人们说——正如人们所听到的一样——学术领域已经讲过了。今天就事情应当如何的问题已有专门的文献，此外什么也没有发生。

今日的被解释状态的一个典型例子是一个时代的教化意识（Bildungsbewußtsein），公众化和平均化的精神的闲言；今日：现代的"教养"（Geistigkeit）。它根据规定的解释方式来生活。下面将要突出地揭示这样两种方式：（1）历史意识（文化意识）；（2）哲学意识。

第三章　今日之今日的被解释状态

今日的公众最切近（Zunächst）的被解释状态应以这样的方式来把握：通过从这个起点②回到这个被解释状态并解释它把握实际性的存在特征。这样被把握的存在特征就需要纳入到概念中，即使之作为一个生存论的性质达到透明，从而使我们能对

---

① 1879年10月15日的信，载V. Van Gogh, Briefe an seinen Bruder, zusammengestellt V. J. Gogh-Bonger, ins Deutsche übertragen V. L. Klein-Diepold. Bd. Berlin 1914, S. 157。——原注

② 指"今日"。——中译者注

实际性作出最初的存在论的领会①。

今日的被解释状态可以沿着两个解释方向来探讨，它们可以表示为：(1)今日的历史意识；(2)今日的哲学。

占支配地位的解释方向，在这里的解释学的方式[不是各种看法态度、不是诸观点的类型论(Typik)使它给予的一切能看到；不是哲学心理学，毋宁说，是为了能够看到这些观点中我们的此在如何存在(ist)，看到我们今日的此在，而且是根据其存在方式从范畴上来理解它，并且在此在中"把握"(halten)，这个解释趋向是否揭示了此在；它究竟是不是存在论，以及是哪一种存在论]。

第七节　历史意识中的今日的被解释状态

以历史意识(geschichtlichen Bewußtseins)作为今日的一个被解释状态的代表是根据下面的准则得到说明的：一段时间(当下的今日)看到、提起、保持和放弃过去(一个过去的此在，或它过去的此在)的方式就标志着当前如何经受它自身，它作为此在如何在其"此"(Da)中存在(ist)，这个准则本身只不过是对实际性的基本特征，即它的时间性的一种规定形式。

我们今日对过去的立场方式可以在历史的精神科学(historischen Geisteswissenschaften)②中得到证明。这些科学是作为道

---

① 海德格尔有关这段话的笔记："关于事情是切合实际的，但关于方法则是错误的，因为太复杂而且是没有实际根据的幻想。"——原注

② 海德格尔区分了"Geschichte"和"Historie"这两个德文词，前者指实际发生的历史，后者指历史的记载、研究和反思。海德格尔认为前者是后者的基础，历史活动、历史事件先于历史论题化的研究和反思。相应的形容词是"geschichtlich"和"historisch"。可分别译为"历史的"、"历史上的"和"历史学的"、"历史学性质上的"。参看海德格尔《存在与时间》(修订本)，陈嘉映、王庆节译，三联书店2000年版，第425页。——中译者注

路的形式(Wegform)出现的,以这种道路的形式,历史经验使过去的生活得以理解,它们还为过去在科学理论中对象化这种方式指出了主要方向,它们宣称历史的过去作为一个已完成的占有物,是根据其特定的被把握的外观来表征的,并且在一种特定的关系中,从日常"教化意识"(一种被解释状态的公众方式)出发来谈论它们。过去、过去的生活作为科学对象的领域来看待。

在这些学科中过去的此在预先是作为什么来把握的?对于这些学科而言,过去的此在是以哪一种对象特征在这里存在?艺术、文学、宗教、道德、社会、科学和经济处于各自具体的作为主导的预先描述的探讨和规定中:它们作为主体、文化生命(文化精神)的"表达"(Ausdruck)、对象化来照面,文化在这种对象化中被铸成形式①。

在普遍的统一性中,这种文化的生命随着它的保持、延续和衰退的过程而得到了表达,这种普遍的统一性被规定为文化在时间上的特有风格。这些领域并不进一步探讨属于这样一种东西的存在特征(文化的各种形式是这种东西的表达),这清楚地表明它们理解的兴趣程度限于它们这样表达存在的方式上,各种文化形式中那个独一无二的存在定义是:文化是一个有机体、一个独立的生命(生长、成熟、衰落)。

斯宾格勒②已提供了这样一种看待过去的前后一致并占上

---

① 海德格尔关于这一段话的笔记:"整个事情太心理学化了;而不能使时间存在的方式、在之中(Inseins)和占主导地位的存在论成为可见的"。——原注

② 斯宾格勒(1880—1936),德国杰出的历史哲学家,代表作为《西方的没落》。——中译者注

风的表达方式①,以往的哲学和学术专业领域的无结果的喧闹早就无声无息了。自那时以来,人们就到处——甚至为了神学——悄悄地“利用它”(Kapital zu schlagen)。的确,尼采、狄尔泰、柏格森、维也纳艺术史学派②(卡尔·兰普莱希特③)已做了准备工作,但决定性的是斯宾格勒真正结束了所有这里不可信的并带有胆怯的思路。在斯宾格勒以前没有人有勇气、毫无顾忌地去实现现代历史意识的源流中恰当而确定的可能性。

人们不应忽视这里所迈出的“新的”一步。对于我们来说,所有令人不愉快和不充分的东西,所有原则上和概念上外在的浅薄,都不应掩盖他的纯粹确定的眼光。效果的力量经受住了普通哲学矫揉造作的空洞抽象所带来的痛苦,斯宾格勒已意识到有什么在发生,而其他人却若无其事,好像一切都处于最好的秩序中。

下一个问题是:如果这样作为某个变成形式并具有表达存在的东西被对象化,那么过去的论题以哪一种方式成了理论认识的任务?而且会是哪一种任务?作为一个与它自己的生命相关的完整的有机体,一种文化(这种文化的多样性)基于它自身。在这种来自传统并且处于一种规定解释中的文化多样性

① *Der Untergang des Abendlandes. Umrisse einer einer Morphologie der Weltgeschichte, Vol. I: Gestalt und Wirklichkeit*(Munich, 1920).——原注。[*The Decline of the West*, 1-vol. ed., trans. Charles Francis Atkinson(London: George Allen & Unwin, 1932)]。——英文版补注

② 维也纳艺术史学派以里格尔、德沃扎克、沃林格等为代表。受黑格尔的影响,他们倡导“精神史”的艺术史,把决定艺术风格、艺术形式之演化的深层的艺术精神、艺术意志作为美术史研究的中心课题,并强调艺术史都是艺术自律的历史,而非艺术他律的历史,即不是由外在因素所规定的历史。——中译者注

③ 卡尔·兰普莱希特(Karl Lamprecht)(1856—1915年),德国著名历史学家。——中译者注

里，每个人都根据他最本己的存在特征与所有其他人（像植物一样）同等，根据它的存在，没有任何过去的此在优于其他此在，正如一种文化一样，其他文化也会出现。

由于这样看待过去的对象特征和存在特征，历史研究的普遍性必然会一起被给予。将我们目光短浅地限制在一种文化并孤立地研究最次要的动力并不就是来自于这个对象本身，所以，要扩大历史研究的对象领域，以便在其中能去探求“整个人性的生成”（Werden[s] *aller* Menschlichkeit）①。

当过去成为这样的对象方式时，理论上理解它、解释它和概念上发展它的什么方式产生于这种对象方式和存在方式？

今天在历史的精神科学中，艺术史已经历最多的发展，而其他学科只要有可能就会去效仿艺术史，这绝非偶然。

每种文化被置于其中的关系，即看的何所向（Woraufhin des An-sehens），是其构成性的表达存在的特殊方式；每一种文化都按照它的风格被追问，也就是说，其表达形态被追溯到“灵魂和人性”（Seele und Menschentum）的基本形态，（我们也许可称作它如此存在的统一吧？）对过去作理论解释的方式是将既定的文化形式——形态学（Morphologie）——的特征揭示出来。

基于上述存在论上的（ontologischen）起点，在过去中所遇到的是文化的多样性，这些文化本身在存在者层次上（ontisch）是

① *Der Untergang des Abendlandes. Umrisse einer Morphologie der Weltgeschichte, Vol. I: Gestalt und Wirklichkeit*(Munich, 1920). S. 218——原注。[*The Decline of the West*, 1-vol. ed., trans. Charles Francis Atkinson, London: George Allen & Unwin, 1932, p. 159（有改动）]。——英文版补注

相互同等的，但这也就是说，适合于对象关系的考察最终是形态学。这个多样性本身必须就其形态来拷问，它本身要按照形态来理解。以形态为目标，一种文化不得不针对另一种文化树立起来，正是这样，普遍的比较形态的方法便产生了。在这里，相关的同源、相似、同时、对照的范畴发挥作用。

这样来解释的历史过去的整体被凝结为一个封闭的形态关系（即：它能简洁地表达出来；简洁得一目了然，在当前得到规定），显然，这个整体在图表和栏目中进行比较，并得到有序的规定。

引导着对过去这个对象性质的预先理解，作为某种风格统一的表达形式在任何情况下都说明独立文化的理由，这个对象性质不仅从如此所看到的对象领域中，而且还从其最本己的理解中，说明了一种历史解释的规定方式：形态比较的秩序（gestaltvergleichenden Ordnens）。（秩序——形态的把握：1. 秩序；2. 秩序以及比较鲜明的：一般文化观念；结果；对立级）。

斯宾格勒给出了一个涵盖一切、前后一致的纲要："在我眼前出现了一个——特殊的西方最高意义上的历史研究的方法，迄今为止它从来没有出现过，它对古人和除了我们之外的其他人来说一定是陌生的。它是全部此在的一个综合的相面术（Physiognomik），一门整个人性生成的形态学，它沿着自己的道路走向最高和最后的理念；穿透世界情感（Weltgefühl）的任务不仅是我们自己的，而且也是所有人的，在这些人中无论多么大的可能性到现在才出现，单个文化都是它们在现实领域中的体现。分析数学、对位音乐和透视绘画将我们提升到并有资格拥有的哲学方面预设了（其领域远远超出了分类学者的才能）一种艺术家的眼光，艺术家在其周围能感受到整个现实世界完全消融到一种无限的神秘关系中,但丁这样感受,歌德也这样感受。"①

(这后来应用于通常意义上的历史、宗教史,等等,与相信它和重复它无关)。

第八节　今日哲学中的今日的被解释状态

今日的被解释状态的第二个代表可以在今日的哲学中把握到。哲学作为实际性的此在的一种解释方式基于传统哲学的一种规定的形式特征,所以这种传统倾向本身可以用空洞的普遍性来表示:它赋予自己的任务是:规定不同领域、这些领域的各种特定意识以及这两个方面在最终根据(原则)上所含统一的在者之整体(All des Seinden)。

甚至生命的此在也必定落入到形式上被如此规定的论题范围内。伦理学、历史哲学、心理学这些传统的哲学领域总是以某种方式让"话语"(die Rede)转向这个方面,有关它的追问在这些领域中是含糊的,或多或少锁定在它们的奠基方面。在这些传统领域中设问,或多或少地明确追问的是人生活的某个方面。所以,在这样的哲学中我们从解释学上一定可以觉察到,它预先将这样的生命此在作为什么来理解,关于此在的"闲言"(das Gerede)如何在它里面传播,话语如何以一种规定的表达自己,即此在的时间言说方式在它里面进行。

这取决于解释学的发现,但并不涉及对这种哲学的争论或

---

① *Der Untergang des Abendlandes. Umrisse einer Morphologie der Weltgeschichte, Vol. I: Gestalt und Wirklichkeit*(Munich, 1920). S. 218.(部分强调由海德格尔给出。)——原注[*The Decline of the West*, 1-vol. ed., trans. Charles Francis Atkinson, London: George Allen & Unwin, 1932, p. 159(有改动)]。——英文版补注

反驳。不着边际地谈论哲学的“思潮”(Strömungen)不仅不重要,而且还会分散我们对这样一个独一无二的问题的注意,这个问题是:哲学的对象领域被纳入到哪一个主要关系中?

哲学的主题是普遍性,是一个而且是唯一的统一体,它涵盖在者的整体(Ganze des Seienden)。如果遇到存在领域、存在水平和存在层次上的多样性,那么就会产生一项针对它的体系任务,这项任务本身又包括双重任务:首先是确立秩序关系(Ordnungszusammenhangs)的框架结构、基本思路;然后是为体系的专业领域里的各种具体在者定位①。

通过这样的研究在者之整体的方式,我们获得了秩序关系、等级关系、不同水平的存在以及差异和同一关系本身的突出特征。这类关系向前推动并成了真正的对象。就其支配性地遍布一切事物来说,它构成了真正意义上的存在。真正本身永恒不变的东西是秩序,是在其中对变化状态升华的掌握,即对超时间的自在(überzeitliche Ansich)——超时间的存在、效果、价值、存有(Bestehen)(与“可感的现实”相对)的掌握。

这种存在关系或效果关系被看做是摆脱了悬而未决的东西,绝对自在地有效,或被表征为既是一种绝对精神所思考的东西,又是绝对精神的思想——而后者要么采取黑格尔的意义,要么采取奥古斯丁的新柏拉图主义的意义。

对于上述主要方面的看和审视的方式(Wie)的存在论的和对象的特征来说,这些差别并不特别重要,尤其是由于它们处于不确定之中。这对下面的差别同样适用:各种秩序关系可置于一种柏拉图主义的一维的、平面的和静态的方式中,

---

① 海德格尔的笔记:“太快了”。——原注

也可以置于辩证法的方式中。但恰恰辩证法出于它自身的可能性而要求如其预先规定的那样来看待所有的在者，在意义上将一切预先框在一个次序化的范围内。辩证法最擅长做的就是不断地扬弃，然后重新达到统一，它有损于这个开端的可能次序。

辩证法固执于从一个规定的源头获得动力，这在克尔恺戈尔那里得到了最清楚的证明，在真正的哲思方面，他并没有摆脱黑格尔。他后来转向特兰德伦堡（Trendelenburg）①无非再次有力地证明了克尔恺戈尔在哲学上是多么的不彻底。他并没有意识到，特兰德伦堡是通过黑格尔的眼镜来看待亚里士多德的。他对悖论的解读深入到《新约》和基督教教义就是反面的黑格尔主义，但他真正想要的（非同寻常的）却是不同的东西。今天如果企图将现象学与辩证法的真正基本倾向联系在一起，那就如同想要将火溶于水一样。

对今日的哲学毋庸多说，它能自行解释："我们大家——李凯尔特、现象学家、与狄尔泰有关的思潮——在这个伟大的竞技场中相遇，这场竞技围绕着超时代或超历史的永恒，围绕着一个具体发展了的文化的意义领域及其历史的表达，围绕着超越主观性走向客观性和有效性的一种价值论。"②

狄尔泰的真正倾向不是这里所要讲的；至于现象学家，我看作是例外。

显然，"走向客观性"成了"远离仅仅主观性的道路"，这种

---

① 特兰德伦堡是施莱尔马赫的学生，狄尔泰的老师和朋友，倾向历史学派。——中译者注

② 斯宾格勒："Rickerts System，"*Logos* 12（1923—1924）：198（部分强调由海德格尔给出）。——原注

哲学——我们可以将其称为“野蛮人的柏拉图主义”①——自以为与历史意识和历史本身相比处于一个可靠的立场上。从这个立场出发，它指责像历史主义那样将哲学保持在历史中的企图，所以被解释状态的代表（哲学）就站在另一个代表（历史意识）的对立面，并要求克服历史意识，这个张力乃是今日的被解释状态中的公众问题：“我们大家都（Wir alle）……”

这种追求客观性的特征是对认识论和知识论的反思的背离；这种狂妄态度现在普遍地存在于历史哲学家中间：客观的形而上学。纳入到这个方向的一个确实可靠的标识是人们如何以及在何处获得哲学史上的忠告。亚里士多德（正如传统中解释的那样）、莱布尼兹和黑格尔已经成了楷模。今日哲学的解释方向在一个普遍的存在关系的开端中来把握自己，这种普遍的存在关系能够在其中通过适合于它的普遍秩序而得到规定，历史意识的基本状况同样表明是与形式比较相一致的秩序。

［哪种存在处于这里的先有中？现成存在（Vorhandensein），当下存在，当下的变化与文化的改变，先有（Vorhabe），先把握（Vorgriff）：规定 = 使明了］。

第九节　增补：“辩证法”②与现象学

上面将今日哲学的倾向称作“野蛮人的柏拉图主义”；说它是“野蛮的”，是因为它缺乏柏拉图思想的真正根基。就提问、建立开端和寻求知识的方式来说，它早就失去了本源处境而且再也没有达到；不同的动机进入到今日的反思中，而对它们的历

---

① Plato, *Politeia*, ed. Burnet (Oxford, 1906), VI511b-c. ——原注。[*The Collected Dialogues of Plato*, p. 746.]——英文版补注

② 海德格尔的标题。——原注

史来源却根本未考察过。柏拉图的《国家篇》(第 6 卷,511b-c①)中有一段极具特点的话与我们这里的讨论有关,从这段话里我们可以看出最初理解哲学对象的决定性的方面。

作为静态并置(例如,这在现象学中也可以发现)的对立面,辩证法产生于它所希望修正的同样的错误。它处于一种虚构编造的关系中,虽然并不存在这样的关系。也就是说,它对哲学对象缺乏彻底的根本审视(Grundblick),从这种哲学对象本身出发,理解的方式在其“统一”(Einheit)中产生。所建立的统一不是外在的秩序框架和与之相联系的“过程性”(Prozß-charakter),而是各自理解的方式,它有方向,这个方向对沿着这条道路前进的每一步都至关重要。所有的范畴本身都是生存论环节(Existenzialien),而不是处于相互关系中并根据这种关系。

就要讨论的现象学的理解来说,这里有一个关于辩证法的基本定向。一种形式主义的决定是不允许在这里得到的,这种决定实质上很重要,正如这两者的关系问题只有为具体的研究要求时才会去讨论一样。空洞的方法构想破坏了科学。

辩证法从两个相关的看法出发,将自己摆在一个优于现象学的地位上,这两个看法都涉及辩证法所要达到的知识尊严。

1. 根据现象学,辩证法要把握最切近的直接性这个阶段,这个阶段只能熟悉(*bekannt*)某物;认识(*Erkennen*)不愿停留在这个范围,也就是说,这个阶段不能达到更高的直接性,即中介的直接性(vermittelte Unmittelbarkeit),它充其量能够做到的只是规定最初阶段显现的精神,真正的在者,即本身能意识的精神

---

① 参见本讲座第 42 页,注③——原注[即 Plato, *Politeia*, ed. Burnet(Oxford, 1906), VI511b-c. *The Collected Dialogues of Plato*, p. 746.]——中译者补注

却处于锁闭之中。

2. 此外：由于这种更高和真正的知识的可能性，只有辩证法在渗透到非理性方面取得了成功，而且如果不是全部，那么也比在现象学中要多；非理性，同时作为先验和形而上学的东西被提到。

这一点合乎实际：现象学是直接认识的阶段——如果人们就从辩证法出发来理解现象学的话。但问题是现象学的本源理解究竟能否这样获得，人们已经以辩证法为前提了，而在设问这个方面没有任何东西能被决定。

还要进一步指出的是：实际上在现象学中存在着一个认识或对于认识的一种可能性的限度，它并不总是把握一切，而且也许今天根本就没有把握一切。但问题在于这样一个限度从哲学的基本任务的意义上看是否就是一个缺点（由于这个缺点，现象学远远滞后于辩证法的更高尚的深度透视的工作），这个问题将这些深度提高到认识的水平上，然后进一步透视它们。

不过我们同时需要问：什么叫做非理性的观念？这只能根据一种理性的观念来界定。而这个定义来自何处？暂且承认这些成对的充满灾难的概念（形式—内容；有限—无限）：例如，假若证明审美的理性和与之相对的非理性完全不同于宗教的理性和非理性，也就是说，如果“理性的”这个术语的基本应用限于某种完全空虚的东西，那么这种理性又可以获得什么呢？

论题的对象难道能以这种否定的方式作为非理性的东西来界定吗？开端设定在何处，人们本身并不理解；如果不着眼于对事情规定性的根本审视（Gundblick），不着眼于决定性的根本理性（这种理性不断地来自于对事情的看，但不是在辩证法本身中得到合理的证明），那么人们就不能注意到整个辩证法是没有方向的。

例如，在辩证的体系中可能强调生活现象内容的丰富性对规定真正的辩证活动的存在特征贡献并不大，与它作为一个对象来处理的生活相比，它显然只是一个"错误倾向"。

整个辩证法一直靠他者存在，典型的例子是：黑格尔的逻辑学。它简单地吸收和改造了一种传统的形式逻辑，经过粗略的研究后就拿了出来。他自己还强调："那些取得的材料"，柏拉图、亚里士多德，是"一个最重要的来源，一个必须由衷承认的必要的条件[和]前提"①。（此外：黑格尔是以哪一种解释来吸收他的材料的呢？）

所以辩证法在两个方面缺乏彻底性，也就是说，原则上讲，它是非哲学的。辩证法必须生存并且在这里发展一种令人留下深刻印象的技能。如果承认这一点，那么开始迅速发展的黑格尔的思想将再次有可能损害对哲学的理解。布伦塔诺（现象学发展的最初动力就来自于他）在德国唯心主义中已感觉到了对哲学最深程度的破坏，这绝不是偶然的。只要学一年，一个人就能谈论一切，好像真是那么回事似的，而且读者自己也相信他真的掌握了某种东西。人们应审视今天所刻意追求的诡辩，如：形式—内容、理性—非理性、有限—无限、中介—非中介、主体—客体。

这些是现象学从根本上要加以反对的。如果人们企图将现象学与辩证法统一起来，那么他们就是在以一种肤浅的方式来对待现象学。现象学只能从现象学上来获得，也就是说，只能通

---

① G. W. F. Hegel, *Wissenschaft der Logik*, 1. Teil. Hrsg. V. G. Lasson. Leipzig 1923, 2. Vorrede, S. 9.

过显示(Ausweisung),而不是通过重复命题、接受基本原则或相信学术教条那样一种方式来获得。

对这一点首先必须进行批判,而且没有什么比盲目相信明见性(Evidenzglaube)更危险的了。如果我们同事情的观看关系是决定性的,那么就如同说:关于它们我们常常受骗,而且这种欺骗的可能性总是顽固地存在着,也许所谓的哲学良知类似于一个公开的心灵的淫荡、精神的通奸(fornicatio spiritus)(路德)。

上述探讨的结果是:辩证法和现象学之间的关系问题必须相对于哲学的对象来决定,更准确地说,是在具体形成这个对象的问题以及决定它的基本任务中来决定的。但是辩证法将自己置于这项任务的边界上;它不能容忍这样的事情:保持在对象中并根据对象本身来让它规定把握这个对象的方式及其限度。[对哲学对象的追问并不是形式主义的前反思(Vorüberlegung),即不费气力的浅尝辄止的涉猎,参见“导论”,21—22 年①]。

第十节　解释过程的概观②

所以,我们的主题是当下的此在;而我们的任务是:如此这

① 指海德格尔 1921—1922 年冬季学期的讲座《对亚里士多德的现象学解释——现象学研究导论》(收入他的《全集》,第 61 卷),海德格尔总是将其简写为“导论”。——原注。{应当注意的是,海德格尔将他 1922 年的那篇关于亚里士多德的论文[《对亚里士多德的现象学解释——解释学处境的显示》,又称“那托普报告”(Natorp-Bericht)]和 1921 年—1922 年冬季学期关于亚里士多德的讲座都简称为“导论”。前者主要根据后者的讲课笔记写成的,并打算作为计划出版的关于亚里士多德和本体论与逻辑学的历史一书的“导论”,不过由于某种原因,这本书最终未能出版。参见海德格尔《存在论——实际性的解释学》英文版,尾注 41(第 117 页)和尾注 79(第 125 页)。——中译者补注}

② 海德格尔的标题是:“关于[手稿的]第 9 页——概述。”——原注

般地来揭示这一点,以便让在其本身中的存在的基本特征凸显出来。此在不是一个物,如一块木头、一种植物;它也不由经验构成,它更不是与客体(非我)相对立的主体(自我),它是一个独特的在者,确切地讲,如果它真实地“在此”(da ist)存在,那么它就不是一个对象——不是在形式的意义上:针对一个指向物之存在的何所向(Worauf)。作为研究的主题,它是一个对象;但这绝不是说,对这种经验方式来讲是否也必须是一种对象,在这种经验方式中,它在此存在,并且在这种经验方式中对它的分析以一种真正的方式来进行。

(这与要获得和陈述一系列关于这个此在的命题和教条无关,也不是要建构一个围绕它、有关它和伴随它的哲学,对大多数人来说主要关心的是,要出现现象学的一个新方向,而且人们本来就对日益增多的哲学的噪音和喧嚣已经产生了怀疑)①。

本讲座的意图在于,揭示在这种特殊探讨中具体的对所形成的真实现象正确的看。对此重要的是,要看到此在在其特征中的此,而这方面一般人不会去考虑它。

当下的此在是在其当下性中的此(da)。它由此在的当下之今日一起被规定,今日是今日的今日,所以今日使自身在场,人已如此在那样看待事物的一种方式是此在的公众状态。公众状态在规定的关于……的话语中实现,在具有……的以及传递和交谈的意义中发生。这种话语到处传播而且关涉一切内容——以一种特殊的方式——这还与并不完全远离此在,即它自身的东西有关。

所以,如果今日之此在应从最切近我们的今日来把握,那么

① 这段话被海德格尔划掉。——原注

就有必要探讨这样的公众状态的闲言（Gerede），在这种闲言中它尤其讲到自己，在这种闲言中它还以某种对象化的方式在此存在。这种公众的闲言、教化意识总是来自于与言谈的事情打交道的更本真的方式。此在在其中以某种方式与言谈相伴随的那种方式是在其他事物中的（unter anderen）历史意识和哲学；是引人注目的以特殊意义谈到自己的表达方式。

在历史和哲学上，此在直接或间接地谈到自己，但这意味着，它对自己有一个理解，它形成了这一理解；它以这样或那样的已被解释的方式出现，这些方式本身就是这样的解释方式。

所以今日中的此在就要追问今日的历史意识和今日的哲学，这方面，要追问此在在其自身中如何存在以及如何被理解。为作为今日的解构（Destruktion）奠基的历史和哲学片面地探讨此在的存在问题。

这最初涉及简单的规定；根据这些规定，描述意义上的解释预先规定了这样的任务：历史和哲学是解释的方式；是此在本身所是的那种东西；此在在其中生存；如果此在在这里出现，那么它就是此在中的在者方式，在这种方式中，它以规定的方式拥有它自身。此在的这种方式是根据此在的；于是解释学的真正问题便出现了：哪一种此在的存在特征在这种自身拥有的方式中显示出来？

第四章　有关其对象存在的一种解释性的分析

现在我们已为之提供了视野的解释学的问题是：实际性的此在作为什么在这两个解释方向上（历史意识和哲学）相遇？而这同时还意味着在其自己支配的被解释状态中吗？它在这两

个解释方向的最本己的意义上是作为什么被提到的？而且:在其被解释状态方面,实际性的此在将自身作为什么来把握和拥有？最后的问题是:什么作为存在的此—在,作为实际性,即生存状态的方式(Wie)在此拥有自身(Sich-da-haben)？

我们对此在的被解释状态这两种方式的描述和分析所要达到的只是解释性地凸显此在的存在特征,这一点是要坚持的。对它们的描述已经是对存在特征一个最初的揭示,或一个形式显示的存在论上的看。在此我们必须将这样一个偏见放到一边,这个偏见是:自然对象的存在论或与之对应的文化对象的存在论(自然事物和精神事物的存在论)是独一无二的存在论或特别典型的存在论。

如何揭示在其中根据这两个解释方向去理解当下它的对象的“作为什么”(als was)？在分析对象上关涉存在的特定方式(der jeweiligen Weise des Bezogenseins)的过程中,关于……的联系倾向可以同时得到来自实现这个涉及自身的分析性的解释方式的启迪(参见胡塞尔的《逻辑研究》!)①。

第十一节　历史意识中此在的解释

“过去”的对象特征——历史意识的主题——处于一个基本的规定中:某物之某物的一种表达的存在(Ausdrucksein)。过去以这种存在关系通过它的表达被如此表征出来,并这样受到认识的规定,以至于它是根据特定的表达存在的形式,即风格来理解的。[过去——不再是当前;世界作为……的(von-)表达的

① 海德格尔补充的话:“这里关于解释、在之中、操心比较鲜明”。——原注

存在;这一点:风格。审视风格:先—见(Vor-sicht)]。

某种东西的表达要求自身作为对探索对象的指引(Verweisung)特征之领会和占有的方式("指引"这个术语后来有特定的用法,放在这里不恰当),我们将这些指引特征置于一个如此规定的对象中,在规定的表象关系里对它们进行探讨。

表达的指引线索——不仅是一个文化系统内的线索,而且是从这个文化系统①到其他文化系统的索线——要求在其可能的多样性中保持一种统一的状态;否则被表达对象就不能从它们那里获得。这种表达的指引线索所保持的统一性(如此存在的关系)建立在这样的基础上:在探求这些线索的方面将它们凸现出来,将它们规定为探讨,把它们从一个关于……和看到风格的先见(Vorsicht)中实现出来,它到处存在并支配着探讨的每一步。鉴于这一点历史事实要追问其表达存在的方式,这里所为(Vornehmen)本身是以不同的方式被推动和发展的。

尤其在人们根本不曾想到的研究的基础工作上:在源头的批判和最初的解释上,这个主导方面已切实可行地建立起来了。那种根据风格特征所预想的文化对象之在场的先行的、任何具体的源头区分(例如虚假的说明或作者的规定,抑或文字渊源的揭示),现在在其实现中才使自己得到了说明。

预先拥有风格的统一体不仅证明它自己对其事情的恰当,而且它还在这方面第一次阐释了自己发展的风格被遮蔽的基本特征。这种风格的预先拥有是作为有关系的收入眼帘(Im-Blick-halten)的打量来表征的,而且对这样的存在关系的具体领会和据为己有的方式本身是作为通过这样的观察引导多样性的

① 狄尔泰的表达:宗教、艺术,等等。——原注

探索来表征的。(作为逗留的秩序、时间存在的方式,当前。形式——看视——表达的存在——自显现)。

但是现在历史意识原则上,也就是说将自己置于作为表达在者过去预先规定的对象的基础上,置于整个在者如此多样性的面前。这意味着,历史的理解和规定从自身出发要求与其最本己的关系倾向相一致,这个要求是它所把握的并且从未离开上述那样的追踪和观察,是作为规定的在……中的逗留来追踪观察的。

普遍的形式比较的**秩序**承担着所有文化中同步的和追踪的**逗留**,在这个秩序里存在着关系的保证,它所针对的是每一种过去文化形态有规律的"客观的"照面之可能性。但在所有形式多样性中的两个层次上的逗留是规定性的,即,比较,但作为这样普遍的比较,它不断地四处寻视;只要它理解自身,这种不断在途中存在的观看方式就会围绕着它的任务去满足,绝不停止。

在这个逗留中作为普遍的、可以分成各种统一风格表达的可能性相遇的是过去的存在;它是以曾在(Gewesensein)之如何,即**已在此**观看的逗留的在者;过去的现成状态,当前(Gegenwart);不是作为我的、我们的实际的过去存在[①],(是术语吗?)。

过去的"已经在此"(schon da),而且是以形式生动多样的"已经在此"与逗留照面的,这种逗留以一种规定的方式看它并这样去看它的指引联系(Verweisungszusammenhänge),以至于一种**关联**(Zug)从其自身、从其预先规定的事情内容中产生出来,这种关联不断将比较的逗留纳入到追踪的看和共同的看,而且

---

① 海德格尔补充的话:"此处迷失的是这种认识方式:确定、获知、描述"。——原注

它必须从自身出发以这种方式来做到这一点。(关联:世界、生活、公众状态、已发生的事情)。

现在规定的现象特征已得到这样的揭示:(1)审视地进入眼帘;(2)探索、追踪,并提供具体的存在关系;(3)这个作为不断受引导地向……的看;(4)这个作为在……中逗留的透视观察;(5)这种在到处进行比较的实现方式中的逗留,即,一个无定所的逗留(而且是一种返回的把握!);(6)以一个曾在者的"已经在此"为特征的逗留于此;(7)从其出发的关联,而且这个关联是作为这样的东西:基于独立的把握倾向去发展一个"必须的逗留"(Verweilen*müssen*)。

这些现象特征按照关系特征和实现特征足以表现出对历史意识的一种现象学的理解。在这种必须观看一切(Allessehenmüssen)中所发现的无处存在(Nirgends-seins)的现象,而且面临历史的过去的现象[可以从术语上规定为关联引导的好奇(die gezogene-geführte Neugier)]为其对象所引导。

历史意识是被解释状态的一个代表性的主题:一种公众状态的生活方式。作为解释方式,它还以其存在方式,即解释方式表现为公众状态。这说明:历史意识这样存在着:它将自己纳入到一种公众状态中规定的自我解释,以这种公众状态的方式来把握自己,并这样普遍地支配自己。在这种自我解释中,它将此用语言表达出来:这取决于它自己,而且这取决于生活此在本身。作为此在的解释方式,它因此恰恰在其自我解释中表现出来,这取决于里此在本身。这个东西必须源于被标明的历史意识,(来自哲学化的自我解释的相应物)。

斯宾格勒强调迄今为止历史研究的缺陷,那就是它未曾达到自己极力追求的目标:"成为客观的"①科学。只有当它成功地"勾画出一幅历史的画面(这幅画面不再依赖它的'当前的'观察者偶然的立场观点)",历史科学才是客观的②。自然科学中早已达到的——与对象的间距,以便对象能纯粹自为地讲话——直到现在对于历史世界来说仍很缺乏。所以有必要针对历史"再来一次哥白尼行动"③,即,消除观察者的表面印象和立场观点,"使历史摆脱观察者个人的偏见,这些偏见本质上讲在我们这里使过去的历史残缺不全,其中西欧被规定为历史的现代目标,规定为过去发展和未来应当达到的价值标准,它眼下成了公众的理想和兴趣——这是后来一切追随者的看法"④。

由此,历史意识的自我解释置定了这样一项任务:探讨"整个事实的人类"(die ganze Tatsache Mensch)⑤,即以一种绝对客观的方式来揭示人的此在。这样一项新的任务在于:它体现为一个新的和本真的此在之可能性以及作为一种客观方式来把握的此在。

这种自我解释不是简单地认识历史意识,而是以这种方式去熟悉它,熟悉它自身,即它的今日之被解释状态,进入到这种逗留,在这种逗留中,过去以一种非盲目的客观方式来照面。这种自我解释本身走向它要把握的对象,并从这里走向与之相对的关联,即,走向作为一种被牵引的东西,好奇本身在这个关联

① *Der Untergang des Abendlandes*, I. Bd. Kap., I, S. 135ff. ——原注
② 同上,第135页。——原注
③ 同上,第136页。——原注
④ 同上,第136页。——原注
⑤ 这个短语只在斯宾格勒著作的后来版本中才发现。参见1923年版,第126页,以及1969年重印版,第126页。——原注

的方向上突入它自身。

在其自我显现中，这种解释方式还有利于对如此看待的此在进行把握与维护。这种历史意识在其通达同样客观的过去的客观间距中拥有此在的当前(Gegenwart des Daseins)，但这也就是说，在发展着的历史对象特征的意义上："已经"有了此在的未来。对这一点的预计——"西方的没落"，不是斯宾格勒的幻想和欺骗大众的卑劣的俏皮话，而是对这一点的坚定表达：在其预先被规定的最本己的可能性上，非本真的历史意识已将它想透了，(尚未，将其作为当前来打算；比较的解读)。

斯宾格勒以这样的方式来表达今日的历史意识，在这种形式中，它必须按照它自己的可能性来把握自己。历史科学领域的专家指出他的解释是错误的，而且完全忽视了有关的事实依据，如果这种反对意见(从另一个方面看是很重要的)证明这种错误的解释或疏忽是重要的事实，那么它们无关紧要。从根本上讲，虽然这些专家尚未明确地意识到，但他们越来越明显地受斯宾格勒的影响。

所以当他们就基本问题提出反对意见时，这只表明，他们并不理解自己，即历史的精神科学并未意识到它们自己误解了一个完全规定的可能性，即，艺术史，也就是说，他们在试图通过对它的模仿而不是思考每门特殊学科的对象、它的存在特征和恰当的理解以及界定它的可能性，来将自己提升到一个更高的"精神状态"(Geistigkeit)。

效仿艺术史是对它的一个滥用，即，一种轻视，也就是说，一种误解。假若其他精神科学效仿它，那么它们对它的理解就像对它们自己的理解一样少，[为什么艺术史在这方面(风格、形式、表达)是典型？它的对象而且还有"规则"(Ordnen)！这里仍不明确，显然前面还有什么任务]①。

当今天的宗教史允许拙劣的儿戏——类型，即，一种有趣的形象图表所展示的虔诚的风格形式时，宗教在其此在的核心方面便被误解了。经济史、哲学史和法学史也有类似之处。每个这样真正的可能性并不在具体的此在中通过这一点表现出来：能够构想出高超的文化哲学体系的历史的精神科学作为操作计划被提出来，而是通过这样一个独一无二的事实表现出来：在这门特定的科学中，正义的人在正确的地点和正确的时间中以一种决定性的方式来进行干预。（对此哲学应当贡献什么——关于这一点是不需要“说”的）②。

第十二节　哲学中此在的解释

现在要进行的相关分析是第二个方向的解释——哲学。这意味着：要界定的是属于哲学认识态度的有关对象存在的主导方式；与“作为什么”（als was）相一致，哲学的主题本身是具体的，在针对……的自我态度实现特征的分析上，与……相关的牵涉存在的方面成了显而易见的了。

在今日的被解释状态的第二个代表③已经显示的特征中，我们必须要注意到一种困境，不仅今日的哲学方向上的多样性使这一点——将它们纳入到一个形式的统一体中——不可能，而且每种本身处于支配方向的哲学为这里开始的分析很少提供具体的现象学基础。

在今日的被解释状态应将规定的现象特征纳入到视野并加

① 显然这是海德格尔后来增补的话。——原注
② 这是被海德格尔删掉的句子。——原注
③ 指“哲学”。——中译者注

以突出之处,这种困境现在更大了。这种分析的必要基础既不在完美的现成体系中,也不在建构体系的兴趣里。我们将不讨论成熟的真假命题、结果。如果设想今日的哲学所讲的一切都是纯粹无可争议的真理那该有多好。我们分析的视点将集中在哲学之前所发生的东西。对此,哲学的方法论或逻辑学本身并不能给出正确的解释,因为它们在哲学本身的意义上就是一种理论了。

这个分析为其自身所要求的只不过是这种可能性,即要能逐步理解已经导致体系和纯粹真理的研究及其实现的关系,以便使论题对象的命题的证实和证明的方式得到把握,也就是说,以便在这里突出:对象如何显现,如何被追问,抽象性如何从它里面获得。所以这是一个完全原始的要求。(今天有地位的哲学家要么将这样的问题简单地视为坏的强求,要么他们压根就不理解人们怎么能提出这样的问题)。

但是任何要为这个分析提供基础的企图都落空了,剩下的唯一可能性就是描述认识态度在其显明的主要特征上的分类学及其基本倾向,这是作为普遍的秩序来规定的,而且可以说,时间性被纳入到永恒的秩序中。

在具体操作方面,将某物纳入到某物的秩序中从时间上被当做一个出发点,对此,今天的哲学家相信自己比黑格尔做得要好;但是黑格尔在所谈的具体事情上比一切他身后的建构体系的哲学家有一个更具体的展示。

所以,人们以具体事物为出发点,在自然和文化中,或者说,只在文化中,因为假若任何自然最终只是自然科学中的对象的话,那么这些科学本身就是文化的东西,它们属于所谓“科学”的文化系统,(早就有人说过:自然就是精神)。

作为普遍的秩序，哲学包含文化的整体，哲学是文化诸体系的体系。但这个整体并没有作为一个主题来考虑，时间并没有探究，而是就此而言，秩序把握它的出发点，即一个进入到秩序关系中的规定的出发点。

但这意味着：秩序的出发点这样经历时间：从一开始，它就根据其类型、普遍的本质来理解这一点。只有这样预先规定的具体对此才有具体—概念的准备，即它本来就只能在一个秩序关系中去理解。

这个典型的开端行为"使用了"(benützt)文化科学的"经验材料"；它抓住(现成的特征)受到吸引的好奇态度中的东西。但秩序的任务并不停留于此，而只是从这里开始，也就是说，它要继续前进。

认识态度的真正兴趣并不在于这种转化中。对此可靠的见证是这样的事实：这个态度固有的方法特征，即对于这种实施来说，意义重大，这显然没有规定，(对此唯一具体的研究是：胡塞尔的《逻辑研究》，第2卷，第1研究、第2研究①；而它停留在一个完全规定的对象领域，这些东西由物性来规定)。

当人们这里很少感到不安时，他们所采取的出发点的具体特征表现为：时间的、经验的、易变的、主观的、真实的、单个的、个别的、偶然的东西，相对于超时间的、超验的(先天的)、不变的、客观的、永恒理想的、普遍的、必然的东西。来自最不同的源头的范畴规定在每个场合下随便地应用于基础的描述，从这个基础出发，秩序开始了它的进程。对开端的态度毫无顾虑地围绕着它自己进入到秩序中的具体、准确的澄清(也就是说，它仍停留在

① 2., umgearb. Auflage. Halle a. d. S. 1913, S. 106 - 224. ——原注

柏拉图那种概念规定的立场上)，对此——它的对象“只”是用于一种类型学和有序体系的材料——这仅仅是一个征兆。

因此，这里所要追求的知识观念已经预先概述过。这种知识态度的基本倾向是进入到……秩序中去，也就是说，当我们能确定某物属于哪里，即它在整体秩序中的位置时，我们便认为认识了这个具体事物；当它被拿开时，我们会将它作为规定的东西来看待。

有序的安排是否在整体上如此实施，以至于在先前已完成了的僵化、封闭的或开放的体系被纳入到秩序中，或者是否恰恰在典型地进入到秩序中和与秩序整体一起才发展，并在这种自我发展中才实现其存在，这在此只是一个次要的区别。另外，这个整体秩序中的典型具体的区别不是在一个现成的框架下的位置说明(Stellenanweisung)，而是体系过程中本身的阶段标志(Stationsmarkierung)。

这种带有过程特征的活动体系当然比僵化的东西“深刻”得多并且是更客观的体系。事实上，在这种体系中作为认识行为实现的特征的过程比较清楚地显露出来。作为普遍的体系，秩序本身朝向何处(Wohinein)必须纳入到运动中并在运动中来把握；如果观察思考在一个规定的阶段中停止，那么对于质朴的“经验知识”来说，就等于是一个反对知识本身的神圣精神的罪孽！

下面的三个自我推动和以自我为前提的行为方式在哲学的普遍秩序的实现关系方面变得比较清楚了：(1)出发点：用汇集和类型化的方式来贯穿作为材料来使用的文化对象的整体；(2)类型的多样性被置于一个有序的整体中；(3)定位的秩序关系本身的发展。第三种方式占主导地位(类似于历史意识：对风格的关注)，前面两种方式服务于它，而且这就是赋予它们的倾向。

第三种方式不是描述某个东西，而是对秩序本身的一种创造性的发展；它由自己并且为自己建立一个普遍过程的可能性。其结果是在其自身交织的绝对关系中的普遍贯穿，这种关系在它自身内是有效的秩序。秩序的规定关系并不以这样的方式并置，即一个和另一个，以及下一个，等等，而是一个作为另一个来规定。在其自身中它不仅是它自己，而且还是另一个，即所有的他者。（哪一种先有？转移目光的先有！）既/又（Sowohl-als auch），而且是以其普遍的无限性，将绝对秩序赋予对象关系的形式范畴的基础结构。

同样的发展，即体系建构的恰当行为，是普遍规定的在运动中的存在，是认识态度原则上的无处不在又无处在（grundsätzliche überall-und Nirgendssein）。而且这个无处不在又无处在在这里非常突出，也就是说，绝不只是简单地沉湎于一个预先给予的对象领域，当对象照面时，它让自己引起关注，而且它还是一种认识的规定，这种认识的规定在秩序过程的发展中，不断地发展自己的可能性，它自身对这一点有所准备：它可以是固定不变的和普遍运动的存在。只要秩序关系如此，即：在它里面存在着停止的必要，它就尚未完成，也就是说，还没有达到它自己和它最内在的可能性。

哲学认识的这种无处不在又无处在不是简单的受到吸引的好奇，而是能自主的、将自身纳入到其本己的可能性中，在广义上它本身是一个引导着的、绝对的好奇（sich selbst führende, absolute Neugier）①。

---

① 关于"好奇"（Neugier），可参看海德格尔《存在与时间》，第36节。——中译者注

作为一种解释方式，哲学同样处于公众状态中；它以整个日常公众的方式在此存在(ist)，也就是说，它自身以这种方式在场；它围绕着形成的闲言以及在生活中所获得的自身来谈论自己。这种独立自主的好奇的自我解释还对此公开表白：这取决于它自己，而且是自主地做到这一点的。

这里，自我解释在这种意义上是敞开的：它不单是"流传"(Umlauf)一种知识(如其具有地那样)，而是提出一个要求，一个受此在本身影响，以至于听从于它的要求。好奇的自我解释公开地将它的任务置于这个好奇的面前，而且自我理解以全部的公众状态的方式，突入到它们里面去；也就是说，在自我解释中，这种自主的好奇帮助它更好地成为它自己已是的那种东西；这种好奇有助于：它从此在本身获得"新的养料"(neue Nahrung)。

哲学意识在其自我解释中，按照教化兴趣的公众状态的四个方面具体展示出来：

1. 作为客观的、科学的哲学。其中无立场的"纯粹真理"被摆出来；这种非批判的世界观哲学的任意专断及其对生活偶然的描述是不造成危害的。表达论题的规定和对待方式的哲学是此在避免一种极端的相对主义的真正避难所。

2. 作为这样客观的哲学，它给此在本身提供现实的希望(Aussicht)，在这种现实中，它能独立地为自己找到一个可能的支撑。它不仅不只是世界观哲学，而且还给任何可能的世界观提供根本的方向并强化它们。据此，它在杂乱的世界观的意义上和实验中，赋予客观可能性一个更加客观的一致，"我们大家都(Wir aile)……，"也就是说，它向此在本身揭示了稳定可靠的普遍的意见一致："是的"(Ja)，以反对今天猖獗的怀疑论的毫无结果的零碎工作，正如李凯尔特所说，这种怀疑论只不过是“哲学内容贫乏”的事例。

3. 哲学提供的客观的、科学的、真正的可靠性非常少，它是逃离生活的学术，追求“超越”于生活的先验性，然而，恰恰在它里面“生活”仿佛得到了把握。体系本身，如同动态事物，就有生活的过程特征，也就是说，这种哲学独自具有今天“常人”真正为它们的此在要求的东西，即所谓“接近生活”（Lebensnähe）。

4. 作为这样接近生活而又不“仅仅”是主观的哲学，它同时是普遍的和具体的，即它恰恰要提供的是，普遍共同的需要：离开专业化和短视的无足轻重的问题透视（Problemperspektiven）①。

总而言之，哲学给此在提供了客观的避难所，能获得意见一致的安定可靠的希望，真实地接近生活壮观的直接性，而且与这一点相一致：克服狭窄的过于重细节的蜗牛式的研究，这种研究回避对重大问题（Frage）的回答。

绝对的“素朴性”（Bedürfnislosigkeit）（黑格尔）②已达到；“精神”存在于它自身的可靠性之处。我们不再置身于情感、目标、兴趣里面；生活已回到它真正的自由状态中。

第十三节　解释学进一步的任务

在上述两种解释方向③的展示方式中已经表明的东西，现在更明显地在其自我解释中突出出来。从我们解释性的评价上

---

① 在本讲座第1节的中译者注中，我们提到过海德格尔对“Frage”和“Problem”的区分。——中译者注

② *Wissenschaft der Logik*, 1. Teil, S. 12. ——原注

③ 指上面讲到的“历史意识和哲学”。——中译者注

需要看到的是，在此在的这两种解释方式里，此在本身拥有其自身客观的此，它将自己客观地带入到它的此。好奇的基本现象在这两种解释方式中发挥作用，它为对象所吸引，并以一种自主的方式引导自己，这种好奇的基本现象在其特有的活动（Bewegtheit）①中揭示此在。

但这意味着，历史意识，“历史”和哲学不只是书本中所提供的偶然消遣或一种可能的研究和生活的原初文化产品，而是此在的方式、在其自身中可行的道路（Wege）②，这些方式和道路在它里面敞开并保留着，在这些道路上，它以其（脱落的）方式找到自身，即，在这些道路上，它拥有自身，但也就是说，使它

① 在海德格尔那里，“Bewegtheit”这个词，与道路（Weg）有关。它指“运动”、“活动”。同过程和时间联系在一起，它来自海德格尔1922年的“那托普报告”中对亚里士多德《物理学》中的“运动”这个术语的解释。这种运动涉及“潜能”与“实现”（“隐德莱希”——完成了、达到了目的的运动）。运动和时间分不开，海德格尔在《存在与时间》专门从生存论存在论的角度引用了亚里士多德《物理学》中的这样一句话：“时间是计算在早先和晚后的视野上照面的运动时所得之数。”［转引自海德格尔：《存在与时间》（修订本），陈嘉映、王庆节译，三联书店2000年版，第170页］海德格尔从亚里士多德那里要引出这样一个基本思想：存在从本源而来在时间中实现自身。存在是运动、活动、生成（werden）（参见本讲座德文版，第15页）。海德格尔后期将“Sein”写成“Seyn”也是为了强调它的动词意义。当然海德格尔与亚里士多德存在着区别，海德格尔这里所谈的运动指此在的“运动”（活动），而不是实体的运动，而且对于他来讲，此在并不是先生存（实存），然后再运动，它本身就是由它的运动（活动）所构成的，如被抛和沉沦，等等。参见 *Dictionary of Philosophy*, ed. By Dagobert D. Runes, 15th Edition, New York, 1960, pp. 133－134。另参见伽达默尔：《诠释学Ⅱ：真理与方法》，洪汉鼎译，商务印书馆2007年版，第448页。伽达默尔在《哲学解释学》中曾说过，海德格尔的“存在”概念类似黑格尔的逻辑学中的第一组三段式：有—无—变。“有”即存在，存在不是对象，不是个“东西”，不是存在者，因而是“无”，“存在”不是巴门尼德永恒不变的“一”，而是类似赫拉克利特的“变”（生成）。——中译者注

② 注意德文“Weg”（道路）和“Bewegtheit”（运动，活动）之间的词源上的联系。——中译者注

自己安全。

这里至关重要的是：安全是客观的安全。在这两种解释方式中，此在与自己照面，如同在其自身中摆脱了立场（standpunktsfrei）。历史意识让此在在其全部丰富的客观曾在（Gewesenseins）中照面，哲学在总是如此存在（Immersosein）的永恒不变中照面。这两种解释方式将此在本身带到它最高可能性的和纯粹的当前（Gegenwart）。时间规定在这个具体的特征中起作用，而我们需要解释为什么。

我们的任务是，根据其存在特征来理解实际性的此在。因此，解释学的进一步分析已预先概述，好奇的基本现象需要从范畴上来加以揭示：

1. 作为此在本身的活动（Bewegtheit），但也就是说，需要理解的是，通过提出的确定的直观分析，在哪一种意义上此在是如此活动的东西，一种时间性、实际性的方式的活动。对于这个词来说，它的意义要从以本源的方式来看待的事情中获得。

2. 作为这样一个活动以至于在这种活动中此在就"是"（ist）这种活动的好奇，在此"拥有"它自身，所以在具有其自身的方式中有一个此在的生活存在论现象的范畴的基本结构。因此被解释状态的存在论的现象结构同时成了显而易见的了，也就是说，开始只是很一般地从命题上被预先给予的东西现在获得了其现象上证明的可能性；我们可以将被解释状态的特征作为这样的此在范畴，即作为生存论的环节来揭示。

3. 与之相关，存在着澄清"此"的基本现象和此—在的范畴—存在论特征的任务。在生存论环节这样的分析中所要突出展现的是，我们需要看到此在，而且是在这种理解的视野中去看到它的。

4. 我们需要返回到出发点，并从解释学上提出如下问题：作为什么此在自为地处于上述的解释方式中？这个如此此在(So-daisein)的方式的存在特征是什么？

然后至关重要的是哲学和历史——正如它们在其自我解释方面将生命赋予自己那样——是否已把握此在，或者它们是否并没有如此多的对立的可能性(Gegen-Möglichkeit)？

分析应当放在上述第2条中所提到的任务下面，而且要选择一个完全源始的出发点，在这个出发点上，上述的此在现象，两种解释方式，最初并不是显而易见的。(参见手稿第14页的插入部分。)①

① 这个"插入部分"在海德格尔讲座的手稿中遗失了，我们这里使用了一个学生的听课笔记作补充。参见德文版编辑后记。——原注

第二部分　实际性的解释学的现象学道路

第一章　先行考察：现象与现象学

不过我们首先还需要做一番先行考察。“现象”(Phänomen)或“现象的”(phänomenal)这个表达我们已使用过多次，而且是以特别强调的方式来使用的。这两个术语，以及与之相关的“现象学”，我们只说它能够成为方法论的入门，此外，有关现象学的谈论无关紧要。任何这样的解释现在都不是给一个词提供一个已规定的含义，而是说，如果它要理解自身，它就必须是意义史的解释。下面我们只能作一个概述，以便得到一个初步的理解。

第十四节　关于“现象学”的历史

“现象”(Phänomen)这个词源于古希腊术语“φαινομενον”，后者派生于“φαινεσθαι”，即自显现。因此，现象就是作为自显现的东西显现自身者。这意味着：它作为它自身在此出现，并不是以某种方式在场或处于间接的观察中，而且不是以某种方式重构。“现象”是某物的对象存在的方式，而且是一种突现的方式：一个来自于其自身的对象的当下存在(Präsentsein)。所以，这首先根本没有规定有关事情的内涵(Sachhaltigkeit)，这里也没有任何规定事情领域的指示，“现象”的意思是对象—存在(Gegenstand-sein)的突现方式。

当这个表达如此运用时，它包含一种防御非本真的、但可能而且实际上占主导地位的在者的对象存在方式。

在这种防御的意义上，这个表达在科学史上就发挥了作用，而且最终在19世纪的自然科学中发挥了作用，这里显示出关于自然科学的基本倾向的自我解释。作为物理现象的科学，它规定在者就如同后者在经验中，即在一种确定的通达这种在者的方式中显现自身的那样，而且只是就其自身显示的那样，所以它并不思考不可见的特性和隐蔽的力量[qualitates occultae(隐秘的质)]。

因此，它代表着19世纪整个科学领域的自我解释。精神科学和哲学本身就是以它为定向的。哲学研究越来越集中在科学理论、最广义的逻辑学上。除了逻辑学外，就集中在心理学上；这两者都从自然科学那里确立它们的方向；而且认识论也如此，认为它在自然科学中看到了真正认识的实现。它寻求这种认识的意识条件，这些条件能够在意识中发现。人们以为在康德的意义上并且超越他就能为精神科学做同样的事情。在这种情况下，他们以为主要的事情就是划界；这里自然科学成了一种否定的尺度。

甚至狄尔泰，这位真正扎根于历史和神学的人物，显然是在模仿康德的问题将精神科学表述为“历史理性批判”①。

① 参见 *Einleitung in die Geisteswissenschaften*. Leipzig 1883, S. 145; 4. Aufl. In Ges. Schr. I. Stuttgart/Göttingen 1959, S. 116.

李凯尔特和文德尔班只不过是狄尔泰开始从事的具体研究中的一个支脉而已，而且手段要远为逊色得多。今天人们才开始注意到，精神科学的问题需要用完全不同手段来把握。

心理学甚至从自然科学那里接受了方法，并且寻求从最终的要素——感知——中去建构实际生活。（今天的心理学对它的对象看法不同，尤其是经过现象学的影响后）。

与这种模仿自然科学的误解相反，布伦塔诺在他的《经验观点的心理学》（*Psychologie vom empirischen Standpunkt*）中采取了真实的模仿道路。与自然科学相似，他给心理学提出了研究心理现象的任务。但正如在自然科学中所制定的理论要从事情本身中获得，心理的存在者，即各种体验方式的分类不应当自上而下地、建构性地确立起来，也就是说，恰恰不应当用自然科学的范畴确立起来，相反，它必须从事情本身，即从它们如其显现自身的研究中获取。

19 世纪最后数十年里，哲学探讨主要扩展到意识现象上，因此在心理学中出现了这样的要求：作为真正的意识科学要为认识论和逻辑学提供前提。意识现象表现为体验，而体验的联系表现为生命。但在这里开端是一样的，有关哲学对象的原则性的思考并没有发生。——尽管如此，生命哲学的倾向在积极的意义上，必须被视为一个更加彻底的哲学探讨倾向的突破，虽然其基础并不充分。

胡塞尔的《逻辑研究》就是从这种科学的态势中产生出来的。它是对传统意义上属于逻辑学领域的对象的研究。这种研究方式本身被表征为现象学，即描述心理学。所以它的追问方式是：对象性的东西在哪里存在以及如何在那里存在，逻辑学讲的是什么。如果逻辑学所讲的内容要有根据的话，那么它就有必要使这些东西在其自身方面成为可通达的。关于概念和命题的概念及命题必须从对象本身获得，例如，命题是作为被书写或被言说、被阅读或被倾听的陈述来照面的，陈述是由思想体验和认识体验所引导的，而思想体验和认识体验又是由意义体验所引导的。在陈述中可以看到它们陈述的对象和内容，后者并不与“主体”和“客体”重合。所以，一切取决于我们对这类体验的把握，取决于我们对某物的意识的把握，这是原初的任务。

就此而言，布伦塔诺的工作产生了影响，而且不仅仅在方法上，不仅仅在胡塞尔接受了的那种描述方法上，而且还在接受了体验区域的实质性的基本规定上。布伦塔诺将关于某物的意识表征为意向性(Intentionalität)，这个概念源于中世纪，那时应用的范围较窄，它指对某物的有意追求[ὀρεξις(欲求)]。

胡塞尔在对他的老师的原则性的批判中迈出了超越后者的根本性的一步，因为他对布伦塔诺用“意向性”所指的现象作了这样的解释，借此他为研究体验和体验的联系提供了一个更加可靠的准则，其批判旨在追踪在布伦塔诺那里已经存在、但尚未突破的倾向，并加以彻底化。

但是胡塞尔的《逻辑研究》在当时并不为人们所理解，也许直到今天依然如此。认识论一直没有理解：一切判断理论从根本上讲都是表象理论(参见李凯尔特：《认识的对象》①——它的基础完全是浅薄的)。就对象来说，在胡塞尔的《逻辑研究》中一点也没变，只不过是给当时的意识印入了通达的问题(Zugangsfrage)，事情的领域(Sachsphäre)仍是一样的；所不同的只是与

---

① *Der Gegenstand der Erkenntnis. Einführung in die Transzendentalphilosophie*，完全修订和扩大第3版，(Tübingen，1915).

构成的方法和推理的方法相对的追问、规定和描述的方式(Wie)。而这种探讨方式绝不是一种空洞的展望和纲领,而是某种具体发起的并能成为示范性的东西。

因此,“现象”最初并不是一个范畴,而是首先涉及通达、把握和保存的方式。所以,现象学首先只不过是一种研究方式(Weise der Forschung),即:如其自身显现的那样而且只限于其自身显现的那样来谈论事情。对于任何一门科学来说,这都纯粹是一种老生常谈,然而的确自亚里士多德以来,它在哲学中已经越来越丢失了。

作为进一步补充的因素:对胡塞尔来说,科学的明确理想体现在数学和数学的自然科学中,数学曾是一切科学的典范。当人们试图使描述达到数学那样的严密性时,这种科学的理想就会发挥作用。

关于数学严密性的绝对化此处不赘述,在这里它并不是第一次出现,而是很久以来就一直支配着科学,并且在一般的科学观念中获得一种表面的根据,这种观念曾出现在古希腊人中,那时他们相信可以找到普遍的知识以及——这被视为一回事——普遍有效的知识。这当然是一个错误。只要一个人无法获得数学的严密性,他就会灰心丧气。

人们根本不明白,这里有一个偏见,将数学树为一切科学的典范,这合理吗?或者说这种基本关系岂不是头足倒置的吗?数学是最不严密的科学,因为它最容易通达。精神科学所假定的科学实存(Existenz)比数学家所能达到的要多得多。人们不应把科学当做命题和论证关系的体系,而应当做本身带有阐述分析的实际性的此在(faktisches Dasein)。这种将数学指定为科学典范的做法是非现象学的,而科学严密性的意义要从所探讨的那种对象方式及其适合的通达方式中提升出来。

现象学是一种研究方式，这种方式直观地将对象当前化，而且只在这样的直观中去讨论它们。这种方式及其实现是自明的，因此说“现象学的哲学”，从根本上讲，是一种误解，这就如同一位艺术史家还想清楚地强调，他所从事的是科学的艺术史一样；不过假使这种自明性丢失了，这种表达也有某种入门的理由。也就是说，这种自明性并不是一个哲学方向。这种研究方式首先用于逻辑学的对象；“什么”（Was）和“关于什么”（Worüber）仍然是传统的。

这样现象学就获得了它的开端。基于这种情景，“现象”这个论题范畴的意义就一定得变成区域的范畴，因此它就包括那些通过“体验”和“意识联系”的名称确定下来的对象。作为体验的体验就是现象，所以现在就可以将一个存在领域与其他存在领域区分开，现象现在就成了一门特定的学科对象。

现象学的进一步发展可由四个因素来描述：

1. 论题域在“意识”这个名称下并用它在全部真实的和意向性的体验流之持存中来把握。提问的视域和原则性的方向是从外部形成的：是从马堡学派的认识论的提问中形成的（两者的特点都是返回到笛卡尔）；而在精神科学奠基的方面（自然和精神），狄尔泰的建议吸引着人们。

这样先验唯心主义便进入到现象学，而且在其中也产生了对传统所接受的实在论的反动。这种矛盾对现象学范围内的学术讨论来说变得很重要，人们没有彻底地追问，认识论的问题在现象学中是否没有意义，人们在一个坏的传统中工作。

2. 逻辑学领域中的研究还被运用到其他传统研究的领域；人们遵循既定的开端和工作程序，研究的特殊典范在任何情况下都是从传统那里拿来的,人们用一个不断起限制作用的现象学区分来工作。

3. 对体系的追求到处可见——我们对今日的哲学意识所说的话在这里同样适用。

4. 通过上述三个因素的强化,以及通过将现象学与传统术语混在一起导致了一种普遍的含糊。人们发现了双方的亲缘关系,应当成为科学工作基础的现象学研究已堕入到含糊、轻率和快速中,堕入到日常哲学的鼓噪中,堕入到公共哲学的喧嚣中。学子们的忙碌已阻断了真正理解的通道。格奥尔格的圈子(Georgekreis)、凯泽林(Keyserling)、人智学(Anthroposophie)、希泰纳(Steiner)等——一切都使现象学在自身中发挥作用,其程度可由最近出版的一本书《论神秘主义的现象学》[①]来说明,它由官方出版社出版,并得到官方的赞助,对这件事情应当提请人们注意!

这样,人们没有将现象学作为一种可能性来把握,从这种哲学的喧闹(Betrieb)中是不可能了解现象学或得到一个定义的,这件事显得毫无希望!所有这些倾向都是对现象学及其可能性的背离,这种破灭再也阻挡不了了!

第十五节　根据其可能性而作为一种研究方式的现象学

根据其可能性,现象学不可理解为公共的和不言自明的。任何可能性都有自己的被把握和被保存的方式,它不能论题化

① G. Walther, *Zur Phänomenologie der Mystik*, Halle 1923. Olten und Freiburg i. Br. 5 1976.

和作为类似忙碌的活动来把握,相反,把握一种可能性意味着:在其存在中来把握和发展它,也就是说,在其中有可能是预先确定的东西。

所以,现象学是一个具有特色的研究方式,对象要如其自身所给出的那样来规定。这种研究所要把握的是:获得事情的当前化(Vergegenwärtigung)。这里我们可以预先规定实际性的解释学试图要走的一条道路。

对象要如它们在其自身显现的那样来把握,也就是说,要如它们面对一种特定的看(bestimmtes Hinsehen)所出现的那样来把握。这种看产生于一个关于对象的定向存在(Orientiert-sein),产生于对这些存在者已有的熟悉。这种熟悉多半是一种已经倾听到、了解到的结果,这个对象在此显现于传统的观点或创新的语言中;例如,在特定事情的秩序、特性和问题中的逻辑学。

一门学科的当下处境(jeweilige Lage)面临其事物的特定状况,它的自显示可以是一个方面,这个方面本身已通过传统得到如此这般的规定,以至于这种非本真性根本不再被认识到,而是把它当做本真性来把握。真实地从其自身显示自身的事物不必是事情本身。假如人们不进一步深究,那么他们就已经在一个基础的建立中将一种偶然冒充为一种自在(Ansich),将一种掩盖当成事情本身了。

所以,这样一种真实的接受什么也保证不了,需要的是超越初始状态去达到对摆脱了遮蔽的事情的把握。为此有必要揭开遮蔽事情的历史,哲学问题的传统必须一直回溯到事情的源头,传统必须被拆解,只有这样,事情的本源状态才是可能的,这种回溯再次将哲学置于决定性的关系面前。

今天,这只有通过原则上的历史批判才有可能。这种历史批判不只是轻而易举的说明任务,而是哲学本身的基本任务。人们轻而易举地做到了这一点,它显示着现象学的无历史性:人们相信,事情可以通过任意的视位(Blickstellung)在质朴的自明性(naive Evidenz)中获得。而且,典型的是那种半吊子工作,凭借这种工作,来自历史的意见被把握并被进一步加工,人们从历史中杜撰小说。

拆解(Abbau)通过将今日状况当前化来把握它的出发点。——如果哲学研究显得费劲,那么人们就必须适应和等待,并非每个时代都需要有一个宏大的体系。

当传统遭到批判性地拆解时,就不再有可能将精力花在表面上重要的问题上了。拆解,这里系指:回到希腊哲学,回到亚里士多德,为的是要看清本源之维如何脱落(Abfall)和掩盖起来的,看清我们就处于这个脱落之中。我们相应的立场是要重新培养本源的立场,也就是说,相应于变化了的历史状况,本源的立场成了某个不同且又同一的东西。

由此才显示了这样的可能性,本源地直通哲学对象。这个具体的显示倾向必须在先有中并对存在特征、对象特征、通达特征和保存特征——即哲学对象中的东西——起作用。

这里,哲学现在就活在传统中。作为通达态度和交往准备的论题范畴,现象意味着一个不断的道路的准备(Bereitung des Weges)。这个论题范畴在批判地确定掩盖的拆解的回返之路途中具有一种批判警示性的引导作用。它是监控性的,也就是说,只是在其警示作用中理解,误解为限制。(具体科学是通过那些熟悉而亲近它们的东西得到划界的,如果哲学混在里头,那就是庸医之术了。)

假如我们现在强调，以自我掩盖和自我遮蔽的方式去存在属于存在的存在特征(Seins*charakter* des Seins)——并且不是附加的意义，而是与其存在特征一致的——那么，这就成了真正的现象范畴了。任务是：将它带入到现象，在这里便成了彻底现象学的。

这就是实际性的解释学试图要走的道路。它将自己称为解释(Auslegung)，即，它不只是根据事情最初显现出来的方面来描述它们，每个解释都是根据某个事情的解释。要解释的先有(Vorhabe)必须在对象的关系中来审视。我们必须从最初被给予的事情走向它的基础。解释学的进行必须根据对其对象本身的看，决定性的因素已由胡塞尔提出来了，重要的是要能够倾听和学习，否则，人们就会由于对事情无知而劳无所获。

第二章　“此在是在世界中的存在”

第十六节　一种先有的形式显示

[①]前面所讲的现象和现象学与一种现象学的方法论无关——这是一种最可疑的方式；它只具有一种揭示方向的特定途径的作用，揭示特定行进和观看中的停顿(Pause)作用。上述所说只能从这里来理解。从空洞的理解方式向一种把握的方式过渡应当通过最必要的方法反思将其简明扼要地表达出来。

通过对其今日中的此在的初步考察，在“被解释状态”这个基本现象的视位(Blickstellung)中，有两个解释方向已突显出来，它们表现为此在以一种突出的对自己言说、根据自己言说的

① 从这里开始，文本又以海德格尔的手稿为基础。——原注

方式,即,使自己在场并且在这种在场中保持自己的方式。这个如此表明的此在之在此拥有自身(Sichselbstdahaben des Dasein)在历史意识中审视自己,在一个确定的它自己的曾在(Gewesenseins)的存在方式中、在一个确定的总是如此存在(Immersoseins)的哲学中审视自己。在两个解释方向上,即在被解释状态的基本现象上,显示出好奇(Neugier)的现象,而且是一种认识规定着的朝向某物的自身行为(存在)的方式。

有必要将这种现象真正地带入到直观,而且是这样:根据其中的解释学研究的主要特征,此在自身按照确定的存在特征来揭示自己,所以,此在本身必须在我们研究的论题范围内比以前更加明确地得到审视。

好奇现象的具体说明(以及任何现象的具体说明)有其特定的可能性和带来收获(Ertragfähigket)的根源,这体现在:此在作为什么预先被设定以及在基本特征上预先被规定。审视某物以及审视在其中作为构成的实现(ausbildender Vollzug)而对纳入视野中活生生的规定已有作为如此这般的在者的看;这个在每一领会和交道中已预先具有的东西可称为先有(Vorhabe)。

此在作为这样的(实际生命)被置于先有之中,现象的解释学描述的开端和实现方式的命运取决于先有的本源性和真实性。

对于这种研究来说,此在(当下本己的此在)处于其中的先有使自身在形式显示中得到领会:此在(实际生命)是在一个世界中的存在(Sein in einer Welt)。这个先有恰恰应当在对好奇的分析中得到证明。即使这样一个证明是成功的,凭这仍不能发现先有的本源性;它本身只是一个在其本身方面更本源并且在描述上已经起作用的先有的现象。

这种先有必须这样来了解和占有，以使形式显示的空洞理解能够根据直观具体源头的看得到充实。如果人们将形式显示(formale Anzeige)①当做一个固定、普遍的命题来对待，并且用它来进行建构性的辩证推理和幻想的话，那么它就始终被误解了。一切都取决于，从不确定而又以某种方式可理解的内容出发，将理解带入到正确的视野(Blickbahn)。要获得这样的视野能够而且必须借助于一种预防措施，通过拒斥表面上的类似并因而大量充斥着的我们的视位，正如它们在当下研究状况中盛行的那样。

第十七节　误　解

一、主—客体模式

我们要避免这种模式：存在着主体与客体、意识与存在；存在是认识的对象；真正的存在是自然的存在(das Sein der Natur)；意识是"我思"(ich denke)，因而是自我的、自我极(Ichpol)、行动的中心，人；自我(人)的对立面是：在者、客体、自然物、价值物、善。主体与客体之间的关系需要规定，这是认识论的问题。

在这个问题基础上出现的是一直在尝试并在无休止的讨论中被释放出来的种种可能性：客体依赖主体，或主体依赖客体，

---

① "formale Anzeige"(形式显示或形式指引)，海德格尔早期的一个核心概念，它是一个来自胡塞尔又具有海德格尔特色的现象学方法。其具体含义可参看张祥龙：《海德格尔传》，商务印书馆2007年版，第92页以下；孙周兴编译的海德格尔《形式的现象学：海德格尔早期弗莱堡文选》，同济大学出版社2004年版，编译者序之第1—21页。——中译者注

抑或两者相互依赖。这种构成性、通过僵化的传统几乎根深蒂固的先有,原则上永远会妨碍领悟实际生命(此在)显示出来的东西。这种模式的任何变式都不能消除其不恰当性。这种模式本身在传统历史中各自孤立地发展,然后每个以不同的方式聚集起环节结构:主体与客体便形成了。

这种模式向现象学研究的危险渗透已在现象学由以产生的历史处境的描述中得到了强调。这一认识论问题(以及在其他学科中的相关问题)的支配地位对于科学尤其是哲学赖以生存的一种常常确定的方式来说是典型的。据此90%的文献使这类错误的问题不但没有消失,反而越来越严重了。这类文献支配着这种忙活;人们以此来看待和衡量科学的进步和生机。

在这个期间,悄悄地出现了扼制伪问题的人(胡塞尔的《逻辑研究》!),并使那些对此已有所了解的人不再探讨这类事情。这种否定的影响是决定性的,因而对公众的空话不与予接受。

二、无立场的偏见

拒斥研究领域主客二分模式这种方法只是今天最迫切的预防措施之一。第二个预防措施涉及到这样一个偏见:它只是针对虚构和理论化的非批判状态的对立面,这就是一种无立场的观察的要求。

这第二个偏见对研究来说后果更为严重,因为凭着它所表达的表面上的科学性和客观性的最高理念的口号,它实际上将无批判提到原则性的高度,并使一种根本的盲目性蔓延。它培养了一种奇怪的素朴性(Bedürfnislosigkeit),并借助于它所要求的不言而喻性,普遍消除了批判性的提问。因为哪怕对最落后的人来说也不能轻而易举地接受面对事情无先入之见的要求——即消除立场。(这种无立场观念背后的动机?)

(只有什么也不做才能摆脱立场;但是如果要看、要研究呢? 摆脱了立场的立场 = 主体存在的破坏。立场的形成是存在中首要的事情。正确的做法是必须认识到偏见,而且不仅在内容上,还要在存在中。公共的宽容;与之相对,在此之前要做的是真正进入到世界,将其释放出来。)

无偏见地看也是一种看,本身拥有它的视位,而且它恰恰是以自己鲜明的方式通过明确地批判性的净化来占有这种视位的。

无立场乃是:如果这个术语有所指的话,那么它无非明确地指视位的占有,这个视位本身就是历史的东西,即与此在相关的东西(此在如何对它自己负责),而不是时间之外的幻想性的自在(Ansich)。

第三章　先有的形成

第十八节　对日常状态的考察

根据前面提到的拒斥性的预防措施,有必要将先有本身及相关的视野加以审视并与予以实行。此在在其当下状态(Jeweiligkeit)中是其所是;但当下状态中的此在本身需要置于完全不同的关系中。

对于先有的形成而言,决定性的是要看到日常状态中的此在。日常状态表征着此在的时间性(先把握)(Vorgriff)。日常状态包含此在的某种平均状态,即“常人”(das Man),在这里此在的本己性(Eigenheit)和可能的本真性(Eigentlichkeit)被掩盖了。

在当下此在的平均化的日常状态的考察倾向中,先有的形式显示,即“实际生命(此在)指在一个世界中存在”,需要在直观中得到证明。什么是“世界”?“在”一个世界中是什么意思?在一个世界中“存在”看起来如何?此在这个现象不应根据这些规定拼凑在一起,而是应在一个显示的术语中始终只将一个可能的关系置于同一个基础现象上。

[作为存在之所在的“世界”意思是什么?回答将贯穿下面直观呈现的诸阶段:世界就是所遭遇的东西。它是作为什么和如何遭遇到的?遭遇性和存在特征(只是对形式存在论来说的“对象”)。在指引特征方面(术语,存在论意义上的);这些指引给予作为被操劳者的世界;它是被操劳存在之如何(Wie)中的“此”(Da)。被操劳存在的直接的在此之特征和相遇特征。作为被操劳者,世界是作为一个周围世界(Umwelt)、周围性(Umhaftes)在此。

被操劳者显示为实际生命生存之由来(woraus)。这个如此被阐述的由来为“在”一个世界中存在的理解提供了现象学的基础,也就是说,为实际空间涌现的现象以及“在”(in)其中的存在提供了本源的解释。“在……中”存在的如何作为来自世界即在操劳中相遇的生命显现为操心(Sorgen)]①。

世界作为存在之所在(Worin des Seins)是何意?回答将贯穿于下面直观呈现的诸阶段:世界就是所遭遇的东西。作为什么和如何遭遇含有所谓意蕴(Bedeutsamkeit)。意蕴不是一个事情范畴(Sachkategorie),不是含有事情的与其他相对立的对象聚集到一个特有领域并相互区分的事情范畴。它是存在的一种

① 一节课结束时的预告。——原注

方式(Wie),而且在其中世界之此在的范畴处于中心,同样,我们用“此在”这个术语既指世界的存在也指人生的存在——为什么,下面将会说明。

这个世界是作为被操劳者相遇的;这个被操劳者以首先和大多(das Zunächst und das Demnächst)的特征来表征作为周围世界的日常世界。作为根据其意蕴的解释,周围性敞开了对实际的空间性的领悟,根据实际的空间性,才通过特定眼光的改变,自然空间和几何空间便产生了。正是根据实际的空间性,才使得“在”世界的周围性中,存在的存在论意义得到了规定。

这个“存在”本身就是遭遇到的世界,而且是这样:它在其中是作为被操劳者,即世界的此在(Weltdasein)存在的。它以操心(Sorgen),即存在的基本方式为特征,这鲜明地表现在,它就是它所遭遇到的世界本身。这个存在,这个被操劳的世界此在的存在,是一个实际生活的此在方式。

如果从一开始我们就始终采取新的研究,即占有和坚持相应的视位,亦即摆脱僵化的习惯(Einstellungsgewohnheit),并且小心翼翼地避免不自觉地重新回到这种习惯,那么在直观证明中能摆脱这个受限制的范畴关系的表面困难便会消失了。

首要的是世界作为什么相遇质朴地呈现出来,而且与先有相应,在一种平均的日常状态的当下性的首先和大多(Zunächst und Demnächst)①中相遇,这种当下性表明了一种限定的处境,日常状态就处于其中,受到一种当下的最切近(Zunächst)所界

① “Zunächst und Demnächst”,意思是“首先和大多”。比较海德格尔另外两个相关表达:“Zunächst und Zumeist”(“首先与通常”)和“Zunächst als Zumeist”(首先而又通常)。它们都包含有“最切近”或“最接近”、“最直接”的意思。参见本书第6节中译者注。另参见英文版尾注75和35。——中译者注

定,这个最切近在一种寓于它的逗留中存在于此。

这种寓于……逗留(Verweilen bei-)有其片刻时间(Weile),有其日常状态的时间性的适度停留,在一个时间性的持续中寓于……的逗留。这个逗留首先和大多并不只是观察,毋宁说是忙于某事。在街上逗留可能是悠闲地站在那里,但即使作为这种逗留,它也是作为某个完全不同的东西出现的,如在"房子"或"成排的屋宇"中间出现的所谓"人"。但悠闲地站在那里的逗留只能理解为在途中存在的多数逗留中期待某个东西,即在一个完全而又特别强调的意义上的"操劳"(Besorgens)的自行到时(zeitigend)①。

上述所说应当引向这一点:根据当下性的延展将一个具体处境从现象上收入眼帘,并审视一下世界如何作为一个最切近(nächsten)②的日常状态在其中相遇。我们这里要警防这样一种普遍存在的错觉:将作为一个孤立行为的所谓"体验"(Erlebnis)看成好像是从生活中人为提取的东西,看成是所谓真实的经验(Erfahrung),这种经验现在应该提供事物的此在(Dingdasein)和一般现实性的意义。

第十九节　对日常世界的一种错误描述

为了将一种真实的分析更鲜明地凸显出来,同时也是为了

① "到时"在海德格尔那里,指"时间化和展开"、"在特定时间中发生","使成熟"、"带来"、"产生"、"实现"等意思。参见海德格尔《存在与时间》,修订版,陈嘉映、王庆节译,三联书店 2000 年版,第 347 页。另参见英文版尾注 3 和尾注 26。——中译者注

② "nächst"这个最高级形式的词与海德格尔的所表达的此在的空间性有关,意思是直接,最接近我们。与"Zunächst und Zumeist"、"Zunächst und Demnächst"和"Zunächst als Zumeist"有联系。参见英文版,尾注 75。——中译者注

将这种原始描述的严重而又容易犯的错误指出来，我们首先要给出一种错误描述，它绝非虚构和捏造，相反，它是今天人们乐意将其冒充为直接被给予性的最无偏见和最真实的描述，而且使之成为所谓的对象结构关系进一步描述的基础。当然，这种描述一直远远优于所有那些理论，即虚构对象和现实的超越性而没有对如此确凿描述的事物瞧一眼的理论。

这是最纯粹的日常状态：在家逗留，在房间里，这里我们遇到了"一张桌子"！它是作为什么与我们相遇的呢？空间中的一个物；作为空间中的物，它也是一个物质性的东西。它有如此这般的重量，如此这般的色彩，如此这般的外形，有一个长方形或圆形的桌面；这样高，这样宽，有一个光滑或粗糙的表面。这个物可以拆开，烧掉，或以某种别的方式散架。这个空间中的物根据不同的方向将自己提供给可能的感觉，它总是只从某一个确定的方面来显示自身为此在者，而且一个这样的侧面通过预先规定的物的形展示出另外的侧面，如此等等。诸侧面显示自身，并随着我们围绕着事物走动，它们不断地以新的方式敞开；当我们上下打量它时，又会是另外的样子。侧面本身根据光线、距离以及诸如此类的因素随着观察者的位置的变化而变化。

事物真正的如此此在（So-dasein）赋予了构成这种对象存在和真实存在（Wirklishsein）的意义之可能性。的确，石头和类似的自然物就是这类对象。然而，如果更仔细地观察，桌子还有更多的意义；它不仅是物质的空间物，而且它还带有被赋予的特定的价值表达：制作漂亮、很适用；它是一件用具、家具，室内陈设的一部分。所以整个现实可以分为两个领域：自然物和价值物，后者本身始终含有作为它们存在之基础的自然物的存在。桌子的真正存在是：物质性的空间物。

就其结果来看,这些描述表面上是真实的,但只是表面上而已。可以指出,这些描述是以多重方式建构的,而且受到几乎无法消除的偏见(Vorurteilen)支配。在证明这一点上,也成了可明见的了:如果人们像现在已逐渐习以为常的那样,将具有价值的事物的存在和具有意义的事物的存在等同起来,那么这什么也没有说——只要对此还缺乏根本性的澄清,即这些事物如何遭遇、在哪一种关于它们的视位中对事物进行探查,以及这样的事实:意蕴不是事情的特征(Sachcharakter),而是存在的特征(Seinscharakter)。

关于现实性和实在性的理论需要在四个方面受到一种现象学的批判的解构。这里我们只能罗列出来而不能详细讨论,尤其是这种批判首先要从积极的视野出发才能实现。需要指出的是:(1)为什么意蕴本身没有被人们看到;(2)为什么只要理论的假相被设定,意蕴仍需要把握和解释;(3)为什么意义要通过融入一个更加原始的现实存在中来"解释";(4)为什么这种真实的奠基性的存在要在自然物的存在中寻求。[总是在此、法则、非偶然性;进入到被认识的事物,即所谓在者的持存性之中——επιστημη(科学)]。

第二十节　根据逗留的与世打交道来描述日常世界

上述最初给出的描述根本未出现在我们具体逗留中与世打交道方面的内容里,如果这方面的某种情况出现了,那么它也是不同的东西。纯粹从材料上考虑,我们会抓住"同一个例子",并作这样的描述:首先更多地使共属现象的多样性先于它们的现象关系而成为可见的,这是下面的分析应加以突出的。

在这个房间里有这张桌子(不是在别的房间和屋子里许多其他的桌子中并存的“一张”桌子),在这个桌子的边上,人们坐在那里为了写作、吃饭、缝纫、游戏。例如任何来访的人一眼便可以看到:它是一张写字桌、餐桌、缝纫桌;它自身最初就这样与我们相遇,“为了某事”(zu etwas)这个特征绝不是基于与别的东西的对比关系而加给桌子的。

桌子处于房间中意味着:以某种特有用途发挥它的作用;在桌子上的这个和那个东西是“不实用的”,不适合的,这个部分坏了。在房间中它现在的位置比以前更好,例如,有了更好的光线,它原来的位置(对……来讲)根本就不好。它上面到处划有线条——那是调皮的孩子们留下的。这些线条不是色彩自己愿意中断的,而是孩子们干的,准是他们没错。这一面不是东面,这个狭窄的一面要比另一面短许多厘米,而它是我妻子晚上坐着读书的一面;在桌子旁,我们晚上曾进行过这样或那样的讨论;在这里,我曾与一个朋友作出过一个决定。在这里撰写了那部著作,在这里庆祝过那个节日。

这就是那张桌子,它在日常状态的时间性中就这样存在,也许多年后,它仍将这样再次被遭遇,如果它作为搁置起来不再使用的东西,我在阁楼上遇见了它,就像其他的“物”一样,如,一个玩具,已用坏了,几乎无法辨认了——它就是我的青少年时代。在地下室的角落里,有一副滑雪板;其中的一块已断了;放在那里的不是不同长度的物质性的东西,而是那个时候的滑雪板,那个曾与某某冒险滑雪的滑雪板。这本书是某某赠送的;它是某个装订工装订的;这本书需要赶紧给他送去;我一直为此事烦恼;那一本书不必要买,简直是一个失算,我仍需要第一次读它。这个书房没有张三的好,但比李四的强得多;这件事不至于让人愉快，他人对这种装饰会说些什么；等等，这些就是遭遇特征(Begegnischaraktere)，现在需要追问的是，它们如何构成了世界的此在。

在这两种描述中，我们称第一种为错误的描述，也就是说，就我们提出的基本任务来看，它体现在：对此在者之直接的最切近(Zunächst)作存在论—范畴的把握。这里所说的“错误的”，并不意味着它没有任何事实的根据。其结果的重要意义面对一个确定的此在区域，作为对象性地在此为了一个确定公正的理论研究而证明自身，这是可能的。

类似整个传统的存在论和逻辑学，上述第一个描述处于那种未检查的命运的影响领域内，这种命运本身随着巴门尼德决定了我们的思想史和此在史或我们的解释倾向：το γαρ αυτο νοειν εστιο τε και ειωαι①；“觉知的意指(vernehmendes Vermeinen)与存在是同一的”②。(当然，这个命题需要摆脱其他根据其解释学基础是非批判的解释，它们要求将这个命题作为唯心主义的第一基本观点：一切在者都是其所是，都是在思维、意识中所构成的；是主体中的对象)。在觉知意义上所猜测到的只不过是真正的此在者(Daseiende)；即真正的存在是以觉知意

① 残篇5(新编号：残篇3)，载 Diels, *Vorsokratiker*. Berlin 3, 1912, Bd. I, S. 152. ——原注

② 通常译作：“思想与存在是同一的。”海德格尔在1922年论文《关于亚里士多德的现象学解释——解释学处境的显示》(*Phänomenologische Interpretationen Aristoteles*, pp. 255ff)中将巴门尼德和亚里士多德的“νοειν”分别译成“Vernehmen”(觉知)和“Vermeinen”(意指)。这里海德格尔将这两个翻译合成一个词组“vernehmendes Vermeinen”(觉知的意指)。参见英文版尾注59，第119页。另比较后来海德格尔在《存在与时间》中对这句话的翻译：“存在就是在纯直观的觉知中显现的东西，而只有这种看揭示着存在。”[引自海德格尔：《存在与时间》(修订本)，陈嘉映、王庆节译，三联书店2000年版，第171页]。显然，这里被赋予了一种现象学的眼光。——中译者注

义、“思想”、理论把握、科学来作为适当地把握通道的，而且在希腊意义上是“总是已经在此”［顺便说一下：意向性；今天胡塞尔仍将意向描述为“意向活动”（Noetische），这绝不是偶然的］。

所有后来的存在论正是从这一点预先得到规定并受它指引的，对一种原始处境的获得是以对这个思想史的发展的批判为先决条件的。

第四章　作为世界的相遇特征的意蕴

第二十一节　意蕴的分析（第一稿，没有在课堂上讲授）

现在我们只是有意在一种有限的但大多最切近的（zumeist nächsten）相遇机会中来说明“事情”（Sachen）的相遇方式[1]，这些事情在它们相遇的有限场合中被发现。相遇的作为什么（Als-was）和相遇的如何（Wie）可以称为意蕴（Bedeutsamkeit）；而这本身被解释为存在的范畴。“意蕴”（Bedeutsam）是说：在某种特定的意指（Be-deutens）方式中的存在、此在；这种意指的内容及其规定性何在、此在如何在所有这些东西中显明自身，这是我们现在要根据具体情况加以揭示的。

首先应当解释的意指的规定性处于当下意蕴的展开状态的

[1] “begegnen”可根据上下文分别译为“遭遇”、“相遇”和“照面”。海德格尔并不强调它的主动或主观的一面，而是被动、客观的一面，它指“碰巧遭遇”，有“发生”、“事件”的意思。并具有不可表达、不可预计和陌生性的特征。它同海德格尔的主题——（本源的）解释学卷入到实际性的觉醒（Wachsein）以及解释学就是源初的投入（Einsatz）——有关，并且和海德格尔后期占核心地位的术语“Ereignis”（发生、事件）相通。参见英文版，尾注53，第118页。——中译者注

特征中。[展开状态——并非只是认识的规定性;认识是一种特别的观看要素(Sichtmoment),而且还是一种通常的观看要素,在其中活动的是被解释状态。]这种展开状态表现在两个特征中:(1)在现成状态的特征中;(2)在共同世界显现(Vorschein)的特征中(即,使那些共同世界中的东西显现出来,使它们保持在这种显现中)。

1. 在上面的描述方式中,"世界的"(weltlich)相遇显示为对……有用、被用于……、不再真正适合于……,不再用于……;它的此在是为此的此在(Da-für-dasein)。"为此"(Dazu)的意思是:上手为了忙于……,上手为了逗留于其中,从这种逗留中这种或那种寻求(Sich-Umtun)、对……采取态度(Sich-Stellen zu-)便形成了。在这样上手的此在(Zu-handen-da-sein)本身中,作为熟悉和展开的是用于何(das Wozu);而且这种用于何处于一个特定的日常如此存在(Sosein)的存在方式中——例如,为了吃饭(单独地或与他人一起,在白天)。所以,这个特定的日常状态和时间性也是现成的(vorhanden)。已经如此曾在过并且将在这里如此存在。过去和将来是规定性的,一向规定着当前的视域;从过去和将来突入(drängend)此(Da)中。

[时间性:从那时,为了,寓于,为了此的缘故。

(+)①——操劳途径。此在者并不处于确定者的规定性中,而是处于日常状态及其历史性之中,例如,书籍总是来自于操劳的"张力"(der Besorgnis"intensität"):尚未、才到、已经、但只不过如此;"不再"能用、"到处乱放"、"妨碍"、破烂——这个

① 这是海德格尔的讲座手稿中出现的符号,但到底具体是什么意思尚不能确定。——中译者注

“此”(Da)。让遭遇的走向和对付、敞开:对于展开状态和来自而且为了日常状态的操心的先有(Sorgensvorhabe)。]

2. 这样现成的此(Da)在其此在中使“他者”(die anderen)显现出来,使一特定的、根据日常状态得到规定的共同生活者的周围区域显现出来;无论这些规定的他者是谁:送我这本书的人;做这张桌子的木匠;从专业上看拥有一个更好书房的人。

此处的表达:“这些人曾是无赖”用过去时来突出,意思不鲜明、清晰程度不同、很模糊,在任何如此世界性的相遇中出现:大多——而且这恰恰是被完全磨平了的和不言自明的——“常人自己”,在其日常状态中的自己的时间性。常人忙于什么、常人逗留于何处,这个世界就“是”常人自己。常人是什么,常人在这个世界中与他人共在,都根据这一点来规定:常人作为什么与他人在一起又区别于他人而显现出来。此在的日常状态拥有这个自身的此(Da),并寻求这个此,其途径是倾听他人对它说什么、在他人那里所从事的活动如何表现出来、他人寓于此中如何显现出来。

甚至在遭遇者的展开状态中:用于何、为谁、谁的,并非在日常的熟悉状态中相遇(熟悉状态的可能性实际上是历史的),在常人碰到陌生的东西突入到最切近的世界时,这恰恰表明,它处于逗留的寻求及其展开状态的特征的关系中;问题:“这是什么?”一体地解释自身:这用于何?常人借此做什么?这为了谁?这应当是什么?这是谁做的?

在遭遇的东西中,发现其展开状态的很少是遭遇着的此在者后来从属地被置于其中的关系的多样性,毋宁说,恰恰从这种展开状态出发并通过这种展开状态,遭遇者才在此存在,才保持在它的此在中(这方面的“相互关系”是周围性)。日常状态中作为此在者的这种东西并非在其"用于某物"(zu etwas)和"为了某人"(für jemanden)的之前(vor)和之外(neber)就已经是真正的存在者,而是此在恰恰就处于这个"用于"(zu)和"为了"(für)之中;而在这个展开状态的脱落(ausfällt)处,它就脱落了,也就是说,即便如此,相关的在者仍在它之中:在者在此,并且对忙碌(与世打交道)"造成障碍"。

而且此(Da)是这样一种东西:一个在日常状态中仅仅作为此在者的有可能观察到的确定被查明的显现对象,只不过它已失去了其真正的此的特征(Da-Charakter),并保持在一个单纯确定性的无差别之中。但确定性并不是它的存在,而是它的可能的对象存在,对此,意蕴的展开状态以其此在的方式显示意义。(理论的起源;首先是:"好奇")。

出自并凭借在它上面和作为它而遭遇的展开状态,它进入到一种逗留和一种日常状态处境的"此"中来意指自身。这种意—蕴(Be-deutsam)并不指别的,而是指它自身,并且是有意蕴的,也就是说,相应于当下状态,它通过贯穿于这个此在和现成存在(Da-und-Vorhandensein)来保持自己。

那些根深蒂固的认识论不仅一般地是建构性的,而且恰恰在它们建构对象的前论题的选择上也是建构性的,即理论的觉察和认识,这些根深蒂固的认识论首先使显明的现象表现格外奇特。但恰恰就它们的动机来说,不仅这种理论的根深蒂固,而且这种所给予分析的表现上的奇特根据在其中相遇所形成的看也变得可以理解了。意蕴只能根据它里面所遭遇的展开状态才能理解,只能根据遭遇中的遭遇者本身所意指的展开状态并这样突入此(Da)中才能理解。[这种让遭遇走近和对付,对于来自日常状态和为了日常状态的操心先有(Sorgensvorhaben)的展开状态而言的敞开存在(Offensein)]。

第二十二节　意蕴的分析[①](第二稿)

在显示的描述中,我们已有意地揭示了“纯事情”(bloßen Sachen)的遭遇方式和此在方式。这种现象的视野恰恰应当牢牢地把握,不是在一个受到限制的特定片断的意义上,而是在一个基本的影响方法意图的意义上。这恰恰要表明,对于一个性质来讲,纯事物(桌子、书本)与世界的此在在存在论上有什么关系。

作为“世界”(Welt)的派生词,“世界的”(weltlish)这个术语不是要理解为“精神的”(geistlich)的对立面,而是在形式上指:像“世界”那样此在。这个此在特征在术语上可确定为意蕴状态(Bedeutsamkeit)。“意蕴”(Bedeutsam)指:在一种特定遭遇的意指方式中的存在、此在。这种表达并非指此外还意指什么的此在者,而是特定遭遇的意指,在意蕴的保持中构成了的存在。所以必须弄清,意蕴状态如何构成世界性的此在。

下面的分析是双重的,涉及:

1. 意指及其现象的关系(第23—25节)。
2. 确定刻画的遭遇(世界的遭遇特征)(第26节)。

意指可在下面三种现象里看到:

1. 展开状态(第23节)。
2. 熟悉状态(第24节)。
3. 不可预计的和比较的东西(第25节)。

---

① 本节在课堂上讲过,标题为海德格尔所加。——编者注

第二十三节　展开状态

展开状态的现象根据两个本身统一的特征表达出来：

(a)现成状态，

(b)共同世界的显现。

A. 现成状态

遭遇者在“对……有用”、“被用于……”、“对……重要的”中存在。此在者是基于其用于此(Da-zu)和为此存在(Dafür-seins)的此在者。根据其特定的用于此(Dazu)和为了此(Dafür),遭遇是上手的。这种上手的存在、可支配的存在构成了它的现成状态(Vorhandenheit)[①]。这种用于此和为了此的规定性不是被提供和被划为相关的、首先没有它们此在者的规定性,而是相反:它们恰恰是最初遭遇者首先突入到其真正的遭遇着的此—在(Da-sein)中,并在这里裹挟于其中的规定性。

真正就现成状态的现象结构来看,重要的是要将用于何(Wozu)和为了何(Wofür)视为本源的和最切近的此(Da),而不是视为一个事后外加于其上的说明。在这方面用于何和为了何(日常吃饭、平时写作和工作、有时缝纫、游戏)并不是任意地、随随便便地在桌边忙碌和逗留的方式,而是在其当下状态中出自一个历史的日常状态的被规定的方式,并由之而来及对之而言按其时间性的尺度来为自己重新规定和定调。[对于走向何处来说重要的是:预先操心(Vor-sorge)及其“围绕”的内容。]它在现成状态中未凸显的预先遭遇(Vor-begegnen)是如何发动的,以及它如何有助于遭遇者真正的此之特征(Da-Charakter)的

① 也可译为“在手状态”。——中译者注

形成，此乃世界的遭遇特征的分析所要展示的。现成状态规定了固有的此之特征：在共同遭遇的真正用于此和为了此中的存在。

B. 共同世界的显现

遭遇者是其所是以及是其如何，作为“那张桌子”，我们（人，而且是特定的人）在桌上天天用餐，在桌边曾进行过交谈，我们还玩过游戏，其间有某些人在场，也就是说，所有这一切在这张桌子的此一在（Da-sein）中存在着；那本书，它是某人送的，它被某个装订工装订得很糟糕。常人这样做一件事，这事要在他人面前这样或那样显现出来，并混迹于其他事物中，要超过它们。

在这样的日常状态的遭遇者中，其他遭遇者总是按照时间性来规定其他遭遇者，即此（Da）。共同生活者、在日常状态中的共同生活者首先和大多并不以孤立的明确状态出现，而是在常人所从事、所忙于的事情中显现出来。在这样的显现中，此在恰恰并不意味着要成为一个知识的对象；其他人的共同世界的显现就在现成状态（为了何与用于何）中，以至于这种显现并不同时从它那里在其此中强求此在者。

其他遭遇的实际生活者的显现要通过“共同世界的”（mitweltlich）进一步规定，也就是说，他人作为实际生活者，“世界性地”遭遇：作为这样的、与常人“有关”、与常人一起工作、打算做某事；（对于和根据这种事情来说，许多他者都是“无关紧要的”）；假若是这样一种他者，那就与常人本身“有关”。

他们以这样的“共同世界的”方式相遇：他人带有“常人本身”（man selbst）。在相遇的共同世界的显现中，常人本身带着这些东西——常人所从事的东西、“常人本身”、它的地位、名望、成就、成功和失败——而处于他者中间。在遭遇桌子之类"事情"的此(Da)中,常人就是与遭遇者一起的未凸显的方式本身。而这并非——比他者少——在某种理论或任何其他方式所明确把握的意义上讲的。但首要地是,常人本身以这种方式出现,而没有转向自我的自我审视,没有反思;相反,在这种与世界打交道的忙碌的存在(Beschäftigtsein)中,常人遭遇自身。

第二十四节 熟悉状态

来自展开状态,一个实际的遭遇者在其此中意指自身,展开状态的现象整体本身是一个固有的指引联系(Verweisungszusammenhang)。这样[①]指引的意指方式(Wie)在一个当下熟悉状态(Vertrautheit)的过程中相遇。现成状态就如相遇的显现一样是熟知的[εζις(状态、习惯),αληθεια(真理、无蔽)],而这并不是在一种有关它们的知识那种意义上讲的,而是在这样一种意义上讲的:常人所熟悉的——相应于遭遇者——是常人本身。日常状态彻底支配着指引联系的特定套路。每个人都熟知当下的自己,也熟知他人,正如其他人熟知他一样。这种共同世界的熟悉状态是一种通常的熟悉状态,它在日常状态中形成并充实起来。这种熟悉状态不是某个理解特征,而是此在者本身、在之中(In-Sein)的遭遇方式。

第二十五节 不可预计的和比较的东西

只有根据这种熟悉状态,才能在世界之此的最切近(Zunächst)中出现"陌生"之类的东西;它是非熟悉状态,"它造成障

---

① "如何?更鲜明突出些!!"(海德格尔注)——编者注

碍”,“带来不便”,“不愉快的”,“干扰的”,“麻烦的”,“妨碍的”。作为这样的东西,它在其此的特征(Da-charakters)方面具有一种明显的纠缠性,一种强化了的“此”。如此不期而至或作为带来不便已在此存在的某物之此的强化的可能性恰恰就在于日常之此的熟悉状态的未凸显的自明性(Selbstverständlichkeit)。

①陌生的东西只是在非熟悉状态的特征中所遭遇的那种觉醒了而未凸显的熟悉状态。这种熟悉状态的缺乏绝不是某种偶然的东西,而是属于作为世界的世界遭遇的时间性。熟悉状态受到干扰,而这种干扰的熟悉状态赋予偶然的“完全不是常人所想的”其抵抗的此之意义(Da-Sinn)。

通过这个未凸显的熟悉状态的干扰,遭遇在其不可预计中在此存在。遭遇的此具有纠缠不休、偶然意外的越来越强的趋势。这种“大多总是以某种不同的方式”(das Zumeist-immer-irgend-wie-anders)彻底支配世界的遭遇;它是比较的:不同于——常人所思、所图,等等。

第二十六节　世界的遭遇特征

只有当此在者的遭遇特征本身得到规定后,我们才能确信无疑地看清上述这个最后特征以及其他特征。

此在者在被操劳的存在方式中,即在它们所处的操劳中相遇。在强调的意义上,被操劳的存在意味着是完成的存在:如果对它的操心结束了,如果它在此受我们支配;而恰恰这个时候它

---

① 下面又是一个学生的笔记,因为在海德格尔手稿的末尾缺了一两页。参见编者后记。——编者注

才是真正的被操劳者。

作为更深远意义上的被操劳者，遭遇着的此在有其本己的时间性(Zeitlichkeit)。被操劳者在此存在是作为尚未、作为初到、作为已经、作为几乎、作为迄今为止、作为首次、作为最后。这些可称为此在的契机学的(kairologisch)要素。只有基于这种时间性，时间的所有基本要素才能得到理解。

为了理解意蕴的现象关系，我们必须看到，展开状态就处于当下的操心中。指引的多样性(Verweisungsmannigfaltigkeit)只不过是操劳的逗留之所。为了何(Wofür)和用于何(Wozu)及其在共同世界的他者就是操劳事先关系到的东西，指引联系本身就是被操劳者。

这种在指引联系中的到处活动将操心刻画为打交道(Umgehen)。指引联系是真正意义上的周围性(Umhafte)。意蕴必须从存在论上规定为与之打交道的操劳着的此在的何所随(Womit)，正是从这种"周围"(Um)而来，实际空间的周围世界(Umwelt)在其这样的此—在(So-das-sein)中实现。

实际的由操劳实现的空间性(Räumlichkeit)有它的距离，作为在此存在：太远，附近，穿过这条街，穿过这个厨房，一小段路，在教堂后面，以及诸如此类。在这种空间性中存在着一个用它来指引的当下熟悉状态，这些指引始终是操劳的指引。

在源初的存在论意义上，"周围"(Um)根本就不是由相互并列和相互围绕的被安置的存在(Neben- und Umeinander-gelagert-sein)以及几何学的关系来规定的，而是由操劳着的与世打交道的周围规定的。存在着对在世界中和在世界内存在(In- und Innerhalb-einer-Welt-Seins)的存在论意义作解释的可能性。在世界中存在并不意味着：在其他事物中出现，而是指：

操劳着的相遇世界之周围在那里逗留。在世界中"存在"本身的真正方式是操心(Sorgen),作为生产、处理、占有、阻碍、防止损失等。周围性乃是生活的平均状态、公众状态。在操心中,生活世界性地谈论自身。

根据对先前讲过的有关共同世界之显现的回顾,我们可以看到:在被操劳的此(Da)中,共同世界及其与之相随的常人本身就是被操劳者。其基本特征受此规定:伴随它所诉求的东西,它置身于操心之中。操心总是以某种方式操心自己。[这不是一个操心自己的反身性(Rückbezüglichkeit),我们谈的并非这个]。当操心世界性地在它遭遇的此中与自己相遇时,它就在操心自己。操心本身恰恰是这样的东西:本源地在此拥有世界,并这样来安排时间性,以至于为了操心并且在操心中世界得以遭遇。这一基本现象无论如何不应被淡化。

以这样一种操心的方式存在就是操劳(Besorgten)。操劳将生活标示为置于一个世界中的交往操劳着的存在。操心就是在一个世界中"存在",而不可解释为一种意识活动。

我们的分析方法仅仅限于事情上,这种方法的效果现在可见于下面的事实:在最切近我们的日常生活的交道中,周围世界始终仍作为一个共同世界(Mitwelt)和一个自身世界(Selbstwelt)的存在;这些术语并非要划定彼此的界限,而是要规定世界遭遇的方式;每一个术语都展现出专门的周围特征(Um-Charakter)。这些周围性(Umhafte)只不过是平均状态、公众状态。(鉴于对今日的分析,这里的一切仅仅受到了排挤)。

在日常状态下,生命是作为遭遇着的世界,作为受操劳和操心的世界在此存在的。生命自己操心自己,而且因为操心任何时候都有其语言,所以它通过这种语言世界性地谈论自己。

在操心的存在特征中存在着:操心在其到时(Zeitigung)、在其实行中涌现出来。操心消失于日常风俗习惯和公众状态中;但这并不意味着它停止了,而是它不再显现自身,它被掩盖了。操劳和打交道有着最切近的无操心状态(Sorglosigkeit)的方面。遭遇的世界以一种质朴的方式显现为简单地在此存在的东西。

在这种操劳的无操心状态(世界作为不言自明性在其中相遇)被敉平了的此中,操心沉睡了。由此,世界包含着一种突发困境的可能性。只有作为意蕴的世界,世界才能作为困境来遭遇。

(我不得不在此中断)。根据这种已固定的世界的此在特征,我们就一定能理解,好奇(cura-curiositas!)何以是操心的方式。正如它在其明确的实行中并非消除此在的自明性,而是加强了这种自明性一样,它能做这一点,因为好奇的操心不断地掩盖它自身。前面提到的自身解释(Selbstauslegung)的四个特征[①]就是好奇的掩饰,通过后者它掩盖了其本己的操心。施普兰格尔(Spranger)的"我们大家"(wir alle)只是一个不可靠的面具:没有人看到它,没有人相信它,人人都太胆小而不敢承认它。

操心的现象必须被视为此在的一个基本现象。它不能由理论的、实践的、情感的成分集合而成。首先根据这个基本现象需要澄清的是:如何在操心本身的此在中,在先于任何分离之前的本源性中去把握,在存在中纯观看和纯追问的操心根植于人的生存(Existenz)。

---

① 参见本书(德文版),第63—64页。——编者注

附　录:插入和增补

(所有这些插入页的标题都是海德格尔给予的)

一、对一种实际性的解释学的研究 (1924 年 1 月 1 日)(关于第 15 节、第 19—20 节[①])

在具体的探讨上恰当地设置一个严谨而不张扬的研究计划[②];也就是说,根据当下获得的一种本源表现来做这件事。目标:解释学处境(本身的研究!)——追问状态(Fraglichkeit)。

对于具体的研究来说,每一个此时此地(jeweils):历史的探讨;亚里士多德、奥古斯丁、巴门尼德。(解释学就是解构!)只有这样才能证明这种解释学的解构研究的本源性(Ursprünglichkeit)。

① 括号中的内容,即表示针对本讲座的具体哪一节是由英文版给出的,德文版没有。下同。——中译者注

② 海德格尔 1921—1922 年冬季作过讲座《亚里士多德的现象学阐释》(收入他的《全集》,第 61 卷)。在此基础上,1922 年他写了一篇关于亚里士多德的论文[《对亚里士多德的现象学的解释》,即"那托普报告"(Natorp-Bericht)],并计划出版一部关于亚里士多德的书(此书后来未完成)。这里所说的"研究计划"可能与这本书有关。参见海德格尔:《本体论——实际性的解释学》英文版,尾注 41(第 117 页)和尾注 79(第 125 页)。——中译者注

主题:

A. 实际性——存在论——存在——当下性——此在:每一个都与解释学有关。根据最切近的东西开始每一项探讨,并且在每一特定的当下以一种解构的具体方式从事这些确定的而又十分重要的历史研究。

通过研究具体的当下性(Jeweiligkeit),我们被迫退回到一个明确的占有;防止常人秉持一种体系和经过加工的哲学。更积极地看:在其历史必然性中探索实际性。

E. 实际性的解释学:返回到 A. ①,现在谈的是彻底的实际性。

二、主 题
(1924 年 1 月 1 日)(关于第 7—13 节)

今日,比较存在论,即,哲学:柏拉图主义、好奇。

在这里作为可能性。

胡塞尔、狄尔泰。

(所涉及的不是“名称”,而是事情的决定性的东西。)

关于这样的可能性的解释指的是什么?②

胡塞尔:彻底性! 哪一种? 事情,如何。

---

① 这里为什么在“A”后面用“E”,对海德格尔的专家来说,还是一个谜。按照通常习惯在 A 与 E 之间还应有“B”、“C”、“D”三个项目。从海德格尔的手稿来看,在 A 与 E 之间的确空了六行的空间,显然是为了插入和补充用的。参见海德格尔:《存在论——实际性的解释学》英文版,尾注 81(第 125 页)。——中译者注

② 在海德格尔的手稿中,这一行的下面写着这样一行字:“今日——哲学——好奇——s. 关于”,这更突出地表明笔记的这一页涉及返回到第 8 节论“哲学”和第 7 节论“历史意识”,并将胡塞尔和狄尔泰分别看成是这两个方面的代表。参见英文版,尾注 82(第 125 页)。——中译者注

笛卡尔,关心已知的知识。

希腊人:[真理(错误)——被揭示状态]。

历史意识中的今日:

狄尔泰,奠基[①],比较胡塞尔、笛卡尔、希腊人。

针对这一点:传统的先有,心理学,人的观念,人类学。

亚里士多德——《新约》——奥古斯丁——路德。

根据先有和先把握,用研究的观念,即实际性的解释学来解构哲学。

今日和这一"代"(Generation),与想象的世界历史相对立。不是这种基础,而是让它成为彻底具体的追问状态的基础。

三、来自概述[②]

(1924年1月1日)(关于第7—13节,第14—15节)

"现象学"——λογος(逻各斯)——ψευδος(虚假,遮蔽)——αληθες(真的,无蔽的)。操心——"问题"——提问,论题领域的意识。

被揭示状态——把握此在,等等。

我们的定向首先不是从一门学科——"现象学"——出发,

① 海德格尔这里可能是对狄尔泰的《精神科学导论——为社会和历史的研究奠基的尝试》的简短引文。这在德文版的第14节的注1中引证过。参见英文版,尾注83(第125页)。——中译者注

② 海德格尔后来做了这样的补充说明:"'导论'马堡,1923—1924年冬季学期不成功,只有经过严格的加工修改才可用。"——编者注;[这门课程是在马堡大学1923—1924年冬季学期上的,参见 *Gesamtausgabe*, Vol. 17: *Einführung in die phänomenologische Forschung*, Frankfurt: Klostermann, 1994]——英文版补注

而是从存在，而且是从此在，从此在具体的当下性——今日——的存在出发的（参见 1923 年夏季学期讲座：存在论）。今日的出发点更加具体；真正的研究，基于对象及其被妨碍的彻底性。

历史意识——哲学——宗教和神学。

(1) 同时这里真的是将现象学作为可能性；

(2) 同时狄尔泰在解构；真正的“生命实在”（Realität des Lebens）；由于这，通过(1)，彻底意义上的历史性。希腊存在论；人的观念；基督教神学，奥古斯丁——解构（Destruktion）！从人的观念回到希腊存在论——λογος（逻各斯）——科学——确定性——笛卡尔——好奇、有效性和确定性的操心。公众状态。

或者恰恰是今日的一种方式的现象学，而且是具体、彻底地达到目标并且是彻底的返回；只是同样引向事情。

1924 年 1 月 4 日

作为学科（最切近的）现象学的出发点，恰恰根据由此而来的反思性并作为一种可能性从它开始回到一个基本的“事情”（Sache），它在自身内承担着研究的方式和研究的可能性。

如果向何处去（Wohin）应当作为一个重要的可能性凸显出来，那么胡塞尔现象学揭示的基本意义就必须从这里得到具体的证明。

四、解释学与辩证法[①]

（关于第 9 节）

辩证法——历史的解构——理解。

---

① 海德格尔的标题，增加了这样的说明：“参见 1923 年夏季学期讲座，（手稿）第 9 页”（即：辩证法）。——编者注

先有——先把握。先有的任务和先把握中的表面化:秩序观念,好奇。“真理”,被揭示状态,被揭示状态的发展以及辩证法。辩证法作为否定并不导致和要求非直接的把握和拥有。更彻底的可能性,新概念:解释学。

五、人的存在
(关于第4—5节、第2节、第14节)

关于追问、通达实际生活的前提、条件、动机(先有、先把握)。

“成为一个人意味着:作为从属于一个有理智的族类的样本(Exemplar),以至于这个族类,这种样本高于个体,或者说,只有样本,没有个体”[克尔恺戈尔:《抨击(基督徒)》,第461页]①。

就其关键的倾向来说,“生命哲学”(Lebensphilosophie)并不适宜。相反,反对生命哲学的论战什么也没有抓住,压根就没有从本源上去审视生命对象,没有看到先有的问题,所以这种针对无概念状态(Begriffslosigkeit)的争论是纯消极的,也就是说,是“积极的”反面,而且一无所获。

“滞留于”(Aufhalten bei)②,一种实行方式和到时方式。甚至哲学,以及哲学研究只不过是一种特定的滞留于……,最彻底的追问状态(Fraglichkeit);而这种有关解释的具体东西处于当下的生活关系中。

---

① I. e., Kierkegaard, d. i *Kierkgaards Angriff auf die Christenhe*, ed. A. Dorner und C. Schrempf, 1896, Bd. I, S. 461. ——原注

② 也可译为“逗留于”。——中译者注

具体的生活滞留(Lebensaufenthalte)的发展;生产性的科学逻辑。

希腊人的滞留及其存在学说。滞留的发展如何,——滞留的解释如何(从哪一种存在而来)。存在学说如何规定滞留,滞留如何规定一种逻辑。

所以对于解构性的解释任务来说首先要寻求存在论,——反过来,也就是说,一个多方面的可能性。但这意味着:实际性是本源的,而且在其中同样本源的是一种活动(Bewegtheit)、解释和对象的多样性,我们恰恰要达到这个本源的统一并理解它的历史学的历史特征(seinen historisch geschichtlichen Charakter)①。

六、存在论;人的本性(Natura hominis)
(关于第4—5节、第13节)

“Quand tout se remue également, rien ne se remue en apparence, comme en un vaisseau. Quand tous vont vers le débordment, debordement, nul n'y semble aller. Celui qui s'arrete fait remarquer l'emportement des autres, commeun point fixe.”(“当一切都一样地运动,就没有东西看起来在运动,例如在船上。当所有人都有过度的倾向,就没有人表现为过度。他保持不动,注视着其他东

① 海德格尔区分了“Geschichte”和“Historie”这两个德文词,前者指实际发生的历史,后者指历史的记载、研究和反思。有时可译为“历史学”。前者是后者的基础。相应的形容词是“historisch”和“geschichtlich”。可分别译为“历史的”、“历史上的”和“历史学的”、“历史学性质上的”。参见参看海德格尔:《存在与时间》(修订本),陈嘉映、王庆节译,三联书店2000年版,第425页。——中译者注

西如何远离而去,仿佛他是一个固定点。")①

恰恰就这个意图来说,即对生命活动(Lebensbewegtheit)的观看,对象性地将范畴解释纳入到先有来说,在这一点上是搞错了的:从存在出发,参与活动本身。我们只有从当下真正的"滞留"(Aufenthalt)中才能真正地看到活动(Bewegtheit)。生存状态上的滞留,在这种滞留中,将什么确立为固定点(Stillstand)?但正因此最高的任务乃是:要获得一个真正的而不是任意的一种滞留;跃入忧虑决定可能性之前的滞留;不是要谈论这一点,而是它持续不断地在此存在,在这种滞留中活动是可见的,而且据此从它而来作为真正的逆向活动之可能性的滞留。

寓于生活本身、其对象意义和存在意义的滞留:实际性。我们要认真对待含有破坏性的活动,即,困难,对困难要保持清醒。

七、投入②
(关于第3节,第18页)

实际性"作为什么"预先被把握,即作为决定性的存在特征显露出来并发挥作用的投入(Einsatz)并不能编造出来,而只能源于一种基本经验,而且这里指一种哲学经验,即,来自一种本源的哲学自身解释的真理。在解释学上,正是这个投入显示它自身;而且,此在在其本身中为此而觉醒,但也就是为它自己而觉醒。

这里没有任何讨论和表决,只有回避、逃遁和根据预先给予

① B. Pascal, *Pensées et Opuscules*, L. Brunschvicg 编, Paris, 无日期, Sektion VI, Nr. 382, S. 503.

② 手稿这部分插入被海德格尔划掉。——编者注

的意义的解释。一种无足轻重的学术研究,人们在这里面对科学的特权,根本不是从基础上去认识某种东西。人们将这称之为:揭示本质规律!用这种体系去支配人是不幸的和可怕的。通过形式主义的合理化手段预先设定某种无害的前提,并以这种方式将它们置于公众面前。

八、实行
(关于序言)

1. 指出这种详尽论述;(它取决于创造吗?)
2. 指出它在这种详尽论述和强制性的新文化中得到强化。

九、现象学
(关于第9节,第37页)

在某种程度上人们这样对待现象学取决于他自己。人们将其试验和最初的成果同其真正的倾向混淆了,这种真正的倾向并非暴露出来,而且人们也不能简单地学会。

哥廷根1913年:整整一个学期,胡塞尔的学生们争论一个邮箱如何显现。人们也用这种方式也去谈论宗教经验。如果这就是哲学,那么我完全赞成辩证法。

十、正义的人(Homo iustus)
(关于第4—5节)

Homo iustus——rectus——bona voluntas——charitas dei(正

义的人——公正的——善良意志——上帝的爱)。所以,homo primus in gratia conditus est(第一个人在恩典中被创造),即,in beata vita constitutus(置于一个神圣的生命中),参见 *De lib. Arb.*,cap. 11 in fine.①。

形式上的推论:"faciamus hominem"(让我们造人吧);关于人的先有!这里的救赎——它接受的越本源、越绝对,所带有的罪孽就越深重。它带有这种原罪仅仅是因为堕落是绝对的,也就是说:最初的出处(Woher),即"αρχη"(源头)是绝对的上帝的恩典(gratia Dei)。"τελος"(终结):纯粹的有罪状态。

这种源流关系(Auf- und Abbziehung)基于先有:人,是上帝按照自己的形象和样子的造物。

首先要参看一下保罗:作为拯救者基督(Χριστος)的荣耀;将人类驱逐到痛苦和死亡之中!基督之死——问题!一般意义上的死亡经验,死亡——生命——此在(克尔恺戈尔)。

十一、论保罗
(关于第4—5节)

肉体—精神(参见《历史与当今的宗教》②):在它们中存在:一种作为"什么"的方式;客观的——天堂的;作为一种历史走向终结的方式的什么。实际性的说明:拯救与非拯救:υιοι

① Augustine, *De libero arbitrio*, in Migne, Vol. XXXⅡ. Paris, 1845, Liber I, cap. 11, S. 1233sq.

② Bd. II. Tübingen 1958, S. 974 –977.

114

[.]θεου(上帝的子民)(罗马书,第8章:第14节①)。死—生、罪—义;奴隶—儿子(基本经验! 决定性的活动者?);基督的转折,"拯救史"不清楚!

十二、意指
(关于第22节)

所指和意指的意思是:操劳。某某意指某某:将其提到一个规定的指引联系(Verweisungzusammenhang)中,根据在者来规定自身,它就是此。有益状态。操劳让意指者和所指者作为在者在其此—在中来遭遇。在之中(In-Sein)的操劳者发现面前这个如此这般的世界,进入到这个世界中成长:桌子、罐子、犁具、锯子、房屋、花园、田地、村庄、道路。

可用性;某物用于某物;在占有方面:从……建立,以什么为材料;订购的木材。谷物、面粉、面包。指引联系。熟悉状态;磨平,以及陌生!

周围(Um-)、位置、空间、从……到……;自然、散步、天气。

越过的危险、物,从那里返回(添加)。但首先不是此的特征(Da-Charakter)、存在。"此的不言自明性"(Die Selbstverständlichkeit des Da)、领悟。

---

① 《圣经·罗马书》上的这句话是:"凡被上帝的灵引导的,都是上帝的儿子。"——中译者注

德文版编者后记

这里首次发表的文本是海德格尔1923年夏季学期的“存在论”讲座，它每周授课一学时（共13学时）。这是他在弗莱堡早期的最后一次讲座；这年冬季学期，他被聘为马堡大学哲学讲席教授。

海德格尔自己引入这个讲座的标题“存在论”是模糊和偶然的。关于这个讲座，他原来计划要上的课程是“逻辑学”，他大概在这种意义上使用这个术语：作为一个“系统的”解释哲学文本的导论（参见海德格尔《全集》，第61卷：《对亚里士多德的现象学解释》，法兰克福、克劳斯特曼出版社1985年版，第183页）。但是后来他不得不改变标题，因为弗莱堡大学的另一个教授也将一门课程叫做“逻辑学”，于是海德格尔说：“好吧，那么就叫‘存在论’吧。”在第一节课上（参见“导论”），他介绍了真正的标题：“实际性的解释学”，于是这门课程就作为“存在论（实际性的解释学）”在黑板上公布出来了。

这个版本依据的是海德格尔自己的讲座手稿，它用德文的哥特体笔迹写在长为19厘米的四开本的四开纸上，正文始终放在左边，添加和增补的内容放在右边，手稿包含一系列插入和补充。由海德格尔增加的几页而且多半是后来写的概要已被编者放在附录中了。

我手头上的哈特穆特·提特颜(Hartmut Tietjen)博士的打字稿作为辨认这个手稿的范本,经过与手稿逐字逐句的对照,尽管我查明有几处补充和改动,但我发现它特别有用并值得感谢。

此外,我们这个版本还利用了两个学生的听课笔记:

1. 我丈夫瓦尔特·布吕克(Walter Bröcker)的笔记,他总是在当天根据听课的速记将其加工成完整的笔记。很不幸,这个笔记在我们这里遗失了。但这个手稿的抄本数年后从赫伯特·马尔库塞(Herbert Marcuse)那里借到并打印了一份。波鸿大学的洛蒂(Rodi)教授非常友善地为我们复制了一份,他为其狄尔泰档案馆从他的老师、图宾根大学的弗里德里希·波劳(Friedrich Bollow)教授那里得到了它。至于波劳又是怎样得到它的就不得而知了;但原件一定是马尔库塞在法兰克福的遗物。

马尔巴赫文献档案馆(Marbacher Literatur-Archiv)拥有另一个布吕克的手抄本的复本,并冠有这样的标题:“笔记,W. 布吕克”。这是一个手抄本,出自卡尔·勒维特(Karl Löwith)之手,供他个人使用。1923 年夏季,勒维特不在弗莱堡,而是在慕尼黑大学攻读博士学位。

2. 从马尔巴赫文献档案馆里,我还得到了黑勒内·怀斯(Helene Wei)的一个笔记,它也是以手稿的形式出现的,多半复制于速记,它还根据别人的笔记做了补充。遗憾的是怀斯女士只听了 12 个课时中的 8 节课(布吕克和怀斯都没有参加四月份的第一次课),1923 年 7 月她不在弗莱堡。她通过布吕克加工过的手抄本的三个课时内容补充了原来的笔记;对最后一次课,她纳入其他两个不同的笔记,一个是“凯特. V”(Victorius)的,另一个不知姓名。

学生的听课笔记的重要意义不只在于有助于理解海德格尔手稿的某些地方，更在于克服本版本中这样的困难：海德格尔的手稿不完整。它缺失的是(1)手稿第14页(本书的第66页)上内容广泛的“插入”部分；(2)在这个讲座的结尾处有一两页；它使海德格尔的思路突然中断。

1. 关于现象和现象学的“插入”部分并不是后来加到讲座手稿中去的，因为就它而言，这些句子同时在最初另外的字里行间里，但它也不是在同一时间写的，否则它就不会跳过海德格尔为其手稿所编的页码。显然它是插到一个已经完成了的手稿中去的，供后来进一步的使用。海德格尔多次就这个主题在小圈子里做过演讲；它在《存在与时间》的第7节，首先是在有关的课程中作过详尽的讨论，如这里所为，他在13个课时中花了两个多课时来讨论这个问题，介绍他自己的哲学道路(例如，他还在下个学期关于笛卡尔的讲座中做过同样的事情)。

所以，这个阐述在此绝对不应忽视。W. 布吕克的笔记作为这个手稿迄今为止尚未发现的部分的替代物被插入进来，黑勒内·怀斯的笔记则用于第一部分的补充(没有说明；直到第71页)。很遗憾，关于海德格尔讲义的剩下部分，她的笔记对我们就没有什么用处了(参看上文)。

2. 手稿末尾遗失了一两页肯定不是故意的。它们在后来的岁月中不见了，这很容易发生，尤其是其意义对于海德格尔与对于我们是不同的。这里W. 布吕克的笔记不得不被用来作为一种替代，并参照黑勒内·怀斯的笔记中的一些内容做了补充。

本讲座章节划分来自编者，章节的标题也一样。手稿中原有的标题，都放在脚注里。有关海德格尔讲座内容的进一步说明则放到了目录里,在某种意义上,它可以充当一种索引,而索引是海德格尔在其全集中绝对不想要的。初学者可以从它里面得到一种入门引导性的了解,而严肃认真的读者则可以将其放到一边。

在注释里我偶尔也纳入了海德格尔在手稿的空白处加的注释,这些注释大多是自我评论之类,而且书写笔迹清楚地表明它们是后来加上去的,多晚无法确定;如附录中注明日期的几页,它们可能出自下一个冬季学期。

有时手稿中的速记笔记不得不放弃,因为我们无法辨认和破解它们(加贝尔斯贝格速记法)!

至于对文本语言加工(去掉句子开头的"und"以及助语词,如"eben"、"gerade",诸如此类)的问题上,我很克制。无疑我比海德格尔本人更相信有必要将这个讲座转换成一本书。如果准确地将海德格尔的讲话风格保留在这本书中,我认为并没有什么害处。当然复制可能达不到迷人的魅力,听者的理解多少只能靠体验,但愿这个文本能以一种海德格尔的完全不夸大的方式在课堂上讲述、宣读!

聆听过这个讲座而现在仍健在的人大概没有几个了;我丈夫便是其中之一,虽然他不愿意分担编辑全集中这一卷的责任,但他总是随时给我提出建议和帮助,他为我的许多重要说明提供了准确而科学的回忆,在此致谢。

凯特·布吕克—沃特曼斯

(Käte Bröcker-Oltmanns)

1987 年

英文版译者后记[①]

海德格尔1923夏季学期的讲座——“存在论——实际性的解释学”——在一个特殊方面已涉及1927年的《存在与时间》中实际性的此在现象学解释学的分析和1930年以后的晚期著作的诗思,其主题在下一个学期所写的插入页的笔记(参见本书附录第3节)中被概括为:“我们的定向……从存在,而且是从此在,从此在具体的当下性……的存在出发的……(参见1923年夏季学期讲座:存在论)”。关于标题,海德格尔的讲座是“存在论”,因为它探讨实际性的“存在”(Sein),具体地说是实际性的人的“此在”(Dasein)和它的世界,而且更具体地讲是实际性的此在及其“当下性”(Jeweiligkeit)中的世界。它的主题是人的此在和世界的存在(即实际的特定时间片刻中的此)。海德格尔的课程同时是“逻辑学”或“实际性的解释学”(这个短

---

① 英译者约翰·凡·布兰(John van Buren),西方海德格尔早期思想研究专家,他除了将这个讲座译成英文外,还著有《青年海德格尔》(*The Young Heidegger: Rumor of the Hidden King*, Indana University Press, 1994)等。这个后记的最后一段由于与本讲座的内容没有什么关系,故没有翻译。——中译者注

语既采取客观的所有格又采取主观的所有格①),因为它"在一个特定的当下"(jeweils)和"在一个历史的处境中"通过解释学地说明"范畴"或"生存"在最具体的意义上来探讨上述主题,在这些范畴和生存中,实际生命,作为一个开放的有死的和不可预计的"能在","生存着"和"表达着"或"解释着"它的存在和世界的存在。作为存在(此)的方式,在其特定时间片刻中的实际性的"逗留"(whiling)和"栖居"(sojourning),这种生存是,例如,"时间性"、"在世界中存在"、"打交道"、"被解释状态的存在"、"交谈"、"常人"、"世界的遭遇"、"操心"、"空间性"、"非陈述的"、"陌生的"。确实,海德格尔是这样来说明生存的,他对在他家里的"栖居"(逗留)(Aufenthalt /sojourning)做了很长的讨论和分析,面对那张他、他太太、孩子以及朋友坐过的桌子,追踪他们的活动(参见第 19—26 节)。海德格尔告诉他的学生,存在论的实际性解释学并不是简单地为了"获得"或拥有关于实际性的知识,而是涉及一种"生存的认识"(existential knowing),它对实际性存在的解释是"旨在发展对它自己的彻底觉醒"(英文版第 12 页)来进行的。关于海德格尔这门课程的主题,读者还可参看英文版译者尾注 1、3、9。

海德格尔后期著作《通向语言之途》通过再次使用一个来自诗意的动词"逗留"(weilen/to while)这个术语、通过再次谈到人类的"栖居"(sojourning),以及再次提起与"解释学"(hermeneutic)这个概念相关的柏拉图《伊安篇》中的 534e("诗人只不过是神的信使"),将它同神赫尔墨斯(Ερμης/Hermes),即诸神的信使的名字联系起来了,而且将它规定为"不只是解释,甚至

① 参见本讲座第 1 节里的中译者注。——中译者注

在解释之前就带来了消息和音信(Kunde)”,海德格尔说,“存在论——实际性的解释学”构成了“《存在与时间》的第一个笔记”①。在《通向语言之途》中,有关“解释学”这个概念又回到他1923年的讲座。的确,读者将会在它对“生存状态”(existentials)的分析中看到某种《存在与时间》的基本目标和结构,《存在与时间》这本书是海德格尔三年后写成的,并利用了他的讲课手稿,虽然那时诗意的背景主题[这样的生存是实际性的“特定时间片刻”(awhileness of the temporal particularity)的所有特征以及它在其中“逗留”的方式]未曾纳入进来并为向来我属性(Jemeinigkeit /mineness)所替代(参见第9节)。还有未引入的海德格尔的强有力的现象学例子:在他家里的“逗留”(tarrying for a while),“在一个房间里”,他的妻子的“缝纫”,他的孩子们的“玩耍”,他自己的“写作”,以及他们在房间里的这张桌子旁“天天吃饭”。这个中心的例子在《存在与时间》中被“一把锤子”所替代,而它所留下来的是粗略地提到在一个“房间”中的“桌子”,在它上面带有“写作”和“缝纫”的功用(第15节)。就海德格尔1923年所经历的讲座的“当下性”(awhileness)和“逗留”(whiling)然后在1930年以后的著作的不同语境中又重新出现来说,读者将还会看到这个讲座的分析中某种类似海德格尔后期著作中的诗思(参见本书英文版尾注9)。

在追求创新的存在论的实际性解释学方面,海德格尔的课

---

① *Gesamtausabe*, Vol. 12: *Unterwegs zur Sprache* (Frankfurt: Klostermann, 1985), pp. 19, 10 - 11, 115, 90;英文版,*Poetry, Language, Thought*, trans. Albert Hofstadter(New York: Harper & Row, 1971), p. 199, 190 - 192, 以及 On the Way to Language, Peter D. Hertz 译(New York: Harper & Row, 1971), pp. 29, 9(有改动)。另参见英文版尾注9:关于海德格尔后期著作中的术语“whiling”和“sojourning”。

程展示了从柏拉图到狄尔泰的解释学史,并简明扼要地从这个历史中抓住了这个观点:翻译就是解释(ερμηνεια),就是一种解释学。海德格尔的课程提到阿里斯提亚(Aristeas)论及公元前3世纪犹太人的摩西五书译成希腊文的事,海德格尔的讲座笔记写道:"τα των Ιουδαιων γραμματα 'ερμηνειαςπροσδειται'(犹太人的典籍需要翻译、解释)。翻译:使陌生语言表达出来的东西能够在我们自己的语言中得到理解并以此为目的。……解释:追求一个文本中真正的意义从而使所意指的东西能够理解,使领会它们变得容易"(第9页)。翻译者就是一个ερμηνευς("解释者"),一个海德格尔所译成的Sprecher("信使"、"代言人")和Künder("传信者"),这样做——正如他后来在《通向语言之途》中——与柏拉图的《伊安篇》(534e)和"赫尔墨斯神(Ερμης),即诸神的信使的名字联系起来"(参见英文版第6页和第8页,以及尾注11)。类似信使神赫尔墨斯(Ερμης),翻译者,作为一个解释者(ερμηνευς),是"一个对某人传达、昭示和使知道(kundgibt)他人的'意思'的人"(第6页)。翻译就是解释,这个古代的观念一直流传到现在,今天,口译者就被称做"interpreter"。但除了这个习惯用法以及作为解释学的一个分支的最传统的翻译概念外,海德格尔强调的是,它坚持翻译类似赫尔墨斯这个顽皮淘气的"诸神的信使"是信息,即被翻译文本的解释性的转换。在1922年的一篇论文中(它由海德格尔对亚里士多德的基本术语的翻译所组成,而这部讲座充分利用了它①),海德格尔强调,"被解释的文本的翻

① 指"那托普报告"(即海德格尔的《对亚里士多德的现象学的阐释——解释学处境的显示》)。——中译者注

译，首先是它们重要的基本概念的翻译产生于对它们的具体解释，而且可以说，在坚硬的壳内（in nuce）包含它"①。正如翻译一样，一门特殊的解释学，使一个陌生的文本"进入到我们自己的语言并且为了这种语言"，所以一般来讲，这门类似赫尔墨斯的"解释学是对在其与……（我）相关的存在中的存在之存在的昭示和告知（kundgibt）"（第 7 页）。翻译就是解释，而且是解释性的转换，这成了海德格尔后来漫长一生的主题②。1937 年在他的讲演录《什么是形而上学?》的法文版序言中，他写道："在翻译上，思想的工作是进入到另一种语言的精神中，进而经受一个必然发生的转换。但这种转换是可以富有成果的，因为它提出问题'什么是形而上学?'的基本方式在一种新的眼光中出现"③，正如他五年后所阐述的那样，"翻译甚至能够揭示存在于被翻译的语言但尚未在解释中清楚的关系……，一切翻译必然是解释"④。

在 1923 年这个讲座中，他已经告诉他的学生，"无立场"（freedom from standpoints）的观念是一种幻相。我们的理解从一开始就受实际历史的"观看立场"或"观点"引导，这种立场和观点由探讨对象的解释性的先有所构成（参见第 16—17 节和英文

① "Phänomenologische Interpretation zu Aristoteles(Anzeige der hermeneutischen Situation), "*Dilthey Jahrbuch* 6(1989): 252.

② 关于全面集中领会海德格尔著作的翻译，可参见 Miles Groth, "*Heidegger's Philosophy of Translation*", Ph. D. Dissertation, Fordham University, 1997.

③ *Qu'est-ce que c'est la métaphysique?* Trans. Henry Corbin(Paris: Gallmard, 1951), p. 7.

④ *Gesamtausgabe*, vol. 53: *Hölderlins Hymne "Der Ister"* (Frankfurt: Klostermann, 1984), § 12；英译为 *Hölderlin's Hymne "The Ister"*, Julia David 和 William Mcneill 译(Bloomington: Indiana University Press, 1996), § 12(有改动)。

版尾注 3 及尾注 29)。如果这种来自传统的先有是正确恰当的并在我们当代的处境中发挥作用的话,那么对象就会得到一个新的和更恰当的揭示。正是根据这一点,海德格尔说,类似赫尔墨斯,翻译者的任务是"使一种陌生语言表达出来并在一个陌生历史阶段出现的东西在我们的语言中成为能理解的,并且为了它……,在一个文本中追求真正意指的东西进而使所指成为可理解的,使通达'今天处境中'的它们变得容易理解"(第 25 页)。所以他强调,(解释的)先有不是……主观任意的东西(第 13 页),而必须是"恰当的"(entsprechend)或"适合"(angemessen)于:(1)实际以及对象的未启用、未开发和不清楚的可能性;(2)我们自己的"改变了的历史处境"(第 59—60 页)为的是适合于今天的它。将这一点运用于翻译的解释学,我们能从中获得两个基本的翻译的解释性转换的解释学标准,这两个标准正是我这部翻译要尽力满足的。

第一,就任何解释来说,陌生文本的翻译应当适合于由文本及其主题能够而且应当从今天我们自己的语言观点和历史处境所强加的现实、要求和限度。在这种意义上,翻译应当是"它的时代的"翻译,正如"哲学只能是'它的时代'的哲学一样,……此在在其当下的存在方式中发挥作用"(第 14 页)。就历史中的当下的此在来说,翻译应当展示"特定时间片刻中的逗留"的特征,它总是容易事后看到,例如,19 世纪柏拉图的翻译或 20 世纪早些时候对海德格尔的翻译,它们的确是适合于它们的"特定时代",但现在过时了。

第二,翻译还应当适合原文的实际和语言、概念及主题的可能性。海德格尔强调,我们的解释性的观点或先有必须是"清楚适当的……所以它已经被批判地疏通"(第 64 页)。在翻译的情况下，这种先有需要批判性地占有以便它适合于所要翻译的文本，先有不仅包括翻译者自己的语言观点，而且还包括翻译者最初对所译文本意义的哲学理解以及对作者发展的其文本所属的思想时代的理解。换言之，不仅原文应经历一个转换，而且译者的语言和思想也应经历一个转换。两者都需要转换和相互适应。与所谈事情有关的事例是，如果可能，需要用译者自己的语言再造海德格尔的许多新词语，也许在这个讲座中最好的例子是富有诗意的新词"Jeweiligkeit"（当下性），它只能与英语创造的一个新词，即"awhileness"相适应。"运用于翻译中的新词语"，海德格尔在1922年写道，"不是源于发明，而是源于所译文本的内容"①。的确，一整套符合习惯的"海德格尔语言"的哲学英语总的来说，在过去的四五十年间证明了这第二个解释学的翻译标准。

我们发现这两个标准可适用于海德格尔自己对古希腊罗马文本的翻译。关于适合于原文方面，他教导他的学生，"λογος"（逻各斯）这个术语在亚里士多德那里不应翻译成"理性"，"……'λογος'绝不是指理性，而是指话语、谈话——这样人就是以言说的方式拥有他自己的世界"（第17页）。关于适合于我们的历史处境和今天的语言方面，他强调，"以一个适合于变化了的历史处境的方式，（亚里士多德的立场）成了某种有差别而又保持着同一的东西"（第60页）。他对古代亚里士多德和柏拉图的文本创新性的翻译恰恰是一个类似赫尔墨斯的企图使它们复活，并在德语中和1923年的"改变了历史的处境"中以

① "Phänomenologische Interpretation zu Aristoteles (Anzeige der hermeneutischen Situation)," *Dilthey Jahrbuch* 6(1989): 242.

一种新的更适合的方式重新讲话。

在20世纪90年代末的今天，对海德格尔的讲座《存在论——实际性的解释学》的翻译也一样，这种翻译“既有差异，又有……同一”。在这个英译本的注脚中，我已经提供了语言的、文本的和哲学的“观点”的解释，这种观点引导我以一种方式对如何翻译最成问题的海德格尔的术语和段落的解释性决定，这种方式可以满足上述两个翻译的解释学标准，从而既满足原文，又满足今天我们自己的英语世界的语境①。我的翻译使用了尾注而不是译后记来处理这些解释，目的在于当读者沿着这个来自青年海德格尔的讲座的困难和引起争议的道路前进的时候，方便他们查阅。脚注中带有括号，德文引文放到括号里，尤其当理解上有问题时。

译者的尾注用括号的数字标明，以和脚注（即德文版原注或编者注——中译者按）区别开来，除了英译者的几个页面注释用符号标明外，正文中的脚注均来自德文版。括号保留我的插入语，而大括号里是海德格尔的引语，但有的情况下实际上是德文版编者的话。德文版的页码用圆体字置于两个括号之间。

当海德格尔提供了他自己对希腊文和拉丁文的段落和术语的创新翻译时，或当他没有提供翻译（尤其是第2节和第4节）时，为了方便读者，我插入传统的已出版的英译本的翻译，如果已出版的翻译不能用，我则提供自己的翻译。我遵循海德格尔本人在这门课程中从传统的和（在他看来）曲解古希腊语和拉丁语典籍解释性的翻译的启发式的实践，他这样做的理由是：它

---

① 比较充分的语言、文本和哲学观点的论述（我的翻译工作就是以此为根据的），可以参看拙著 *The Young Heidegger: Rumor of the Hidden King* (Bloomington: Indiana University Press, 1994)。

服务于一个领域:“解构”或“拆解”那些传统翻译(第 15 节),这种努力是要揭示陌生文本创建性的经验和意义,通过解释上更可信的翻译来重新得到它们,这些翻译运用技巧,如字译、创新词汇和释义意译,让它们重新出现在 1923 年的历史处境中。德文版常常只提供最低限度的有关引用陌生著作和德文著作的索引、文献,我没有承担填补这项资料的繁重任务,部分原因是这种语文学的缺漏属于海德格尔的文本作为一打没有加工润色的课程笔记的真实的文字形式。

关于解释学的“基本问题”,海德格尔指出,“解释学犯错误的机会原则上属于它的最本己的存在,这种在其解释中找到的根据从根本上讲是易变的、不稳定的”(第 12 页)。在我的翻译的解释中也不例外。这种困境由于下面要讲到的德文版的特殊困难而加重,其中有些在我的尾注里已讲到了。

文字形式。这个文本并不是加过工的书,而是一打未完成而且常常是非常粗糙的讲义笔记,包括正文边页上的评注和收入附录里的“插入和增补”。正如编者所说,最初的插入可以包含海德格尔粗略的草拟计划将他的讲义笔记做成它们现在还不是的——一本加过工的“书”(参见第 xi 页和注 41)。所以,这个文本发表时没有放入海德格尔《全集》版第一部分(这部分是他生前发表的著作),而是“第二部分:讲座”。实际上,他自己对《全集》出版这个讲座以及其他“弗莱堡早期”(1915—1923 年)的讲座笔记持强烈的保留态度,因为它是否能够成为出版的和可读的形式是一个问题①,直到海德格尔去世以后,他的儿子和遗

① 参看 *The Young Heidegger: Rumor of the Hidden King* (Bloomington: Indiana University Press, 1994) p. 15。

嘱执行人赫尔曼·海德格尔(Hermann Heidegger)才决定将它们交给编者,以辨认它们并将其加工成能够发表的形式,纳入到《全集》第二部分中作为一个"补充"(参见《全集》出版者的简介)。

标点符号的使用:在文本的主要部分,尤其是在附录中,个别字词、短语和从句有时并列地与一个含义模糊的破折号、逗号、分号、冒号、句号和等号联系在一起——有时几乎是不可能翻译的。这个文本对破折号、冒号、感叹号和括号使用要多于正常情况,有时违反标点符号的原则,有时句尾掉了句号,有时一个括号没有括完,有时则在一个句子中间神秘地出现了,有时一个句子的开头没有大写,有时开头大写、末尾有句号的完整句子被插入到其他句子中的括号中(参见德文版第 25 页、35 页、52 页、62 页和第 106 页)。大多数情况下我都保留了它们,因为它们属于这个文本未加工整理过的讲座笔记(参见第 20 页、28 页、41 页、49 页和第 81 页)。

句子结构:这个文本包括许多不完整的句子,甚至完整的句子常常以一种高度省略和含糊的方式所构成,主要因为海德格尔匆忙写就的是备课笔记,而不是准备一部加工的书。

字行的中断,首行空格,被标明数字的目录,文字:尤其是附录里某些非常粗糙的笔记,附录只是由术语、短语和片断句子组成的目录,人们有时会碰到一个违反惯例的字行中断、首行空格、被表明数字的目录,它们很难译出,参见第 2 节,第 9 节,第 12—14 节和第 22 节主要部分以及附录第 1—5 节和第 8 节。常常在附录中,字行中断发生在只几个单词之后,而下面的字行没有首行空格。有时,海德格尔有意使用连续不断地字行或整段。在第 21 节,人们还发现了对海德格尔的手画线条的复制,这个线条可能指一个插入文本的符号。

术语:正如后面的词汇表和英译者的尾注所证明地那样,这个篇幅不长的文本包含 50 多个新词:例如,“Jeweiligkeit”(awhileness),“Je-Verweilen”(in each case whiling),“das Da”(the there),“Weltdasein-Sein”(being a worldly being-there),“das Um-”(the round-about),das Zunächst(initial givens which are closest to us), das man selbst(the one-self)和(das Man-“the every-one”)。此外,还有别的海德格尔的术语表现出挑战性因而在英文版尾注中进行了讨论:难理解的短语如:“Hinsehen auf Seiendes als Sein”(looking at beings as be-ing)和“Seiendes vom Sein des faktischen Lebens”(a being which belongs to the being of factical life)(参见第 2 页和第 12 页);普通术语创新的哲学定义如“Fraglichkeit”(questionableness),“Destruktion”(destruction),“das Heute”(the today),“Öffentlichkeit”(the open space of publicness),“Vorschein”(advance appearance);使用语词的原有诗意如“Dasein”(being-there),“jeweilig”(in each case for a while at the particular time),和“Weise”(point,indicator);术语的语族形成于根词的如“weilen”(to while),“Sein”(being),“da”(there),“Dasein”(being-there),“halten”(to hold),“um”(around,about)和“blicken”(to look);以及含有隐义的字母“E”和“A”的用法在附录的一部分也许指一个目录中的子项,甚至发生于其间的子项没有用“B”、“C”和“D”标出(参见尾注 81)。

上述许多困难在海德格尔的其他早期讲座和 20 世纪 20 年代初的早期论文中也可以发现。它们在很大程度上基于这样一个事实:海德格尔在这个“特定时期”不确定的摸索中走向哲学的新开端,并尝试新的思想和语言风格,这种思想和语言风格在本讲座中甚至包括新奇地使用在他自己家里的“桌子”和他的“儿子们”在桌边玩耍的例子，来提供一系列有力的现象学的示例以说明其高深、抽象的哲学术语。海德格尔的这种表达使他的学生们感到惊讶，在这之后，他自己对“表面奇异的分析”作了简要的评论（第73页）。在下一门（1923—1924年冬季学期）马堡大学的课程笔记中，他写道：“‘导论’马堡，冬季学期1923—1924年不成功，只有经过仔细地修改才可用”（参见本书附录第3节）。的确，他的朋友卡尔·雅斯贝尔斯在其自传中写道：“海德格尔1923年就给我读过几页那个时期的手稿，我不理解，我敦促他用一种自然的表达方式。”①不到一年，在讲授“存在论——实际性的解释学”之前，海德格尔到哥廷根大学就职的任命被否定了，据系主任格奥尔格·米施（Georg Misch）讲，理由是他的“写作风格”的那种“折磨人的特征”②。另一个后果是他有一篇文章“被拒绝发表”③。的确，我们发现海德格尔本人的这种表达上的“粗劣”（clumsiness）和“不精致”（inelegance）甚至出现在他相对完善的1925年夏季学期的课程手稿④和他的里程碑式的著作《存在与时间》中⑤。通过比较，“存在

---

① Karl Jaspers, *Philosophische Autobiographie*, 2d ed. (Munich: R. Piper, 1977), p. 98.

② “Phänomenologische Interpretation zu Aristoteles(Anzeige der hermeneutischen Situation),” *Dilthey Jahrbuch* 6(1989):272.

③ Theodore Kisiel, *The Genesis of Heidegger's Being and Time*(Berkeley: University of California Press, 1993), p. 5.

④ *Gesamtausabe*, Vol. 20: *Prolegomena zur Geschichte des Zeibegriffs* (Frankfurt: Klostemann, 1979), pp. 203. - 204；英文版译为 *History of the Concept of Time: Prolegomena*, Theodore Kisiel 译(Bloomington: Indiana University Press, 1985), pp. 151 - 152.

⑤ *Gesamtausabe*, Vol. 2: *Sein und Zeit* (Frankfurt: Klostemann, 1979), pp. 52；英文版译为 Being and Time, John Macquarrie 和 Erd Robinson 译(New York: Harper & Row, 1962), pp. 63.

论——实际性的解释学”,正如后来海德格尔写道的那样,只是原始水平上的“对于《存在与时间》的第一个笔记”。

有鉴于上述种种困难,德文版编者在她的后记中解释道,“至于从语法上加工这个文本……,我很克制,我无疑比海德格尔本人更相信有必要将这些课程笔记转换(Umsetzung)成一本书”。她在其“转换”(翻译)①中采取了这种方法,结果“他的明显的讲话风格在这本书中被保留下来了”(第90页)。一方面,效仿她那值得称道的满足上述两个解释学的翻译标准的例子②——适合原文和适合当下的历史处境——我自己的“翻译”也打算尽可能保留原文未加工的文字特征,包括个人习惯的标点符号、句子结构、字行的中断、首行空格、被显示数字的目录、文字和术语,对这些我们在上面解释过,它们常常背离德语的基

① 在1942年夏季学期的课程中,海德格尔解释了翻译(Übersetzung)还发生在单个的语言中,只要存在着解释,这种解释将原文以一种新的形式重新表述,从而将它“翻译”(转换)(trans-lates)成新的形式:如,对诗或哲学文本的注释,或正如当前的情况,要破译和辨认一系列课堂讲座手稿并将其编辑成书),参见《荷尔德林的赞美诗“伊斯特河”》(*Hölderlins Hymne“Der Ister”*)第12节中:“……一切翻译必然是解释,但反过来讲也对:一切解释和处于其服务中的一切都是翻译。因为翻译不仅在两种不同的语言之间进行,而且在同一种语言中也存在着翻译。对荷尔德林诗的解释就是在我们德语中的翻译。”这里海德格尔更多想到的是“Übersetzung”(翻译)这个德文术语的字义和一般意义以及拉丁语“translatio”(源于“transferre”)作为“传达(transmission)(一种音信)”、“转换”(transference)或“移交”(carrying over)。这些意义仍保留在英语的“translation”这个词中,因为我们说,“将观念转换为行动”(translating ideas into action)或“将过去转换为现在”(translating the past into the present)。

② Theodore Kisiel经过仔细比较了德文版和原始手稿后,作了这样的说明:他发现“只有一个意义上的错误”这实际上变成了对“海德格尔自己拼写错误”的“纠正”。参见Theodore Kisiel“Edition und Übersetzung: Unterwegs von Tatsachen zu Gedanken, von Werken zu Wegen,”载Dietrich Papenfuss和Otto Pöggeler编,*Zur philosophischen Aktualität Heidegger*, Vol. 3: *Im Spiegel der Welt*(*Frankfurt: Klostermann*, 1992), pp. 93-94.

本规则和习惯。另一方面,它企图与英语这样一致,它的现行规则、习惯和限度并非过度而受到伤害,并使海德格尔的文本能有一个可读的英语形式。类似德文版编者"将这些课程笔记转换成一本书"的工作,我将自己的任务看做不是加工海德格尔的笔记,以便使它们用英语比用德文更容易阅读和理解,而是更加类似赫尔墨斯的任务,让这些笔记的探究性的、未加工的而且时常完全难以理解的方面对我们说话,并以一种新的和适合于"讲英语的"世界的方式来重新打动今天的我们。仿佛预见到这种处境,并且本着他的"形式显示"的观念(参见本书英文版脚注③),海德格尔在总括他的研究目标的附录的第1节里写道:"通过研究具体的当下性(Jeweiligkeit),我们被迫退回到一个明确的占有;防止常人秉持一种体系和经过加工的哲学。"

德—汉术语对照表

Abbau　拆解

abbauen　拆解

Abfall　脱落

abheben（erheben, heraushe-ben）　突出、显露

Absicht　目的、意图

Alltaglich　日常

Alltäglichkeit　日常状态

als was（n.）　作为什么

aneignen　占有，占为己有

aneignend　占有的

Aneignung　占有，占为己有

angemessen　适当的

Angst　畏

Ansatz　开端，开始

Ansch（An-sch）　自在

Anschauung　直观，直觉

Ansprechen　诉求，提到，谈起

Anweisung　指示

（formale）Anzeige　（形式）显示

Anzeigen　显示

anzeigend　显示的

aufdecken　掩盖，遮蔽

Aufdringlichkeit　纠缠

Aufenthalt　逗留，停留，滞留

aufenthaltslos　无逗留的，无家可归的

auffassen　理解

Auffassung　理解，见解，看法

Aufgehen　涌现

(sich) aufhalten　滞留
Aufhalten (bei) 逗留于,栖居于,滞留于
Augenblick 眼下瞬间
ausbilden　发展,形成
Ausbildung　发展,形成
Ausdruck　表达
ausdriicklich　表达的
Ausdrucksein 表达的存在
Ausgang　出发点
Ausgelegtheit　被解释状态
aushalten　经受,坚持
(sich) auskennen　熟悉,通晓
auslegen (auf)　解释,阐释
Auslegung　解释,阐释
Auslegungsrichtung 解释方向,阐释方向
ausweisen　证明,证实
bedeuten　意味着,含义是
be-deuten　意指
bedeutsam　意蕴的,意义的
Bedeutsamkeit　意蕴,意义
befragen (auf)　询问
begegnen　遭遇,相遇,照面
Begegnen　遭遇,相遇,照面
begegnend　遭遇的,相遇的,照面的
Begegnendes　遭遇者,相遇者,照面者
begegnen lassen　让遭遇,让相遇,让照面
Begegnis　遭遇,相遇,照面
Begegnung　遭遇,相遇,照面
behalten　居持
bei　寓于
bei Sein (Sein bei) 寓在
bekümmert　焦虑的,忧虑的
Bekümmerung 焦虑,忧虑
Besitz　占有
besorgen　操劳
Besorgen 操劳
Besorgnis　操劳
Besorgtes　被操劳者
Besorgtsein　被操劳的存在
bestimmen　规定,确定
bestimmt　规定的,确定的
Bestimmtheit　规定性,确定性
Bestimmung　规定,确定
betrachten　观察
betreiben　从事

Betreiben 从事
Betrieb 忙碌,喧闹
Bewahren 保存,保留
Bewegtheit 运动,活动,变动
Bewegung 运动,活动,变动
Bezogensein (auf) 关涉存在
Bezug (auf) 关联,牵涉
Bildungsbewußtsein 教化意识
Blick 看
Blickbahn 视线
Blickfeld 视野
Blickrichtung auf 视向
Blickstand (Blickstellung) 视位
Blicktendenz auf 看视倾向
Charakter 特征
charakterisieren 表征,刻画
da 此
Da 此
dabeisein 栖居的存在,寓于此的存在
Da-bei-sein 栖居的存在,寓于此的存在
Da-Charakter 此的特征,此之特征
Dasein 此在
Da-sein 此—在,此之在,在此
Dafür 为了此
Da-für-dasein (Dafur-sein) 为此此在
Daseiendes 此在者
dasein 此在
Dasein 此在
Dazu 用于此
Da-zu-sein 为此存在
demnachst 大多
Demnächst (Zunächst und) (首先和)大多
destruiern 解构
Destruktion 解构
destruktiv 解构的
Dialektik 辩证法
Ding 物
Dingdasein 物的此在
drangen (aufdrängen,hereindrängen) 突入
durchschnittlich 平均的
Durchschnittlichkeit 平均状态

eigen　本己的，自己的

Eigenheit　本己性

eigentlich　本真的

Eigentlichkeit　本真性

Einsatz　投入，参与

einsetzen　投入，参与

entdecken　揭示

Entdecktheit　被揭示状态

entsprechend　相应的，相当的，适当的

erfassen　把握，掌握

ergreifen　把握，抓住

erhalten　存留

Erschlossenheit　展开状态

Existent　生存

Existenzialien　生存论性质，生存论环节

existenziell　生存上的，生存状态上的，生存中的

Explikation　解释，说明

(sich) explizieren　解释自己，解释自身

faktisch　实际的，实际性的，事实的，事实性的

Faktizität　实际性，事实性

festhalten　把握，抓住

formale Anzeige　形式显示，形式指引

Fraglichkeit　追问状态

Frerndes　陌生的东西，异样的东西

Gegenstandsein　对象存在

Gegenwart　当前

gegenwartig　当前的

gegenwartigen　当前化

Gerede　闲谈，闲言

Geschichte　历史

Geschichtlichkeit　历史性

Gesichtsfeld　视域

Gestalt　形式

Gewesensein　曾在

Gewohnheit　习惯，习俗

Grunderfahrung　基本经验

Halt　守持，持守

(sich) halten　守持，持守

Hermeneutik der Faktizitt　实际性(的)解释学

heute　今天，今日

Heute　今日，今天

heutig　今日的，今天的

hinsehen (auf)　审视，观看

Hinsehen (auf)　审视，观看

Hinsicht　关系,方面

Historie　历史学

Horizont　视阈

Im-Blick-halten　收入眼帘

Immerdasein　总是此在

Immersosein　总是如此存在

in-der-Welt-sein　在—世界中—存在

“in” einer Welt Sein　“在”一个世界中存在

In einer-Welt-Sein　在一个世界中存在

lnnerhalb-einer-Welt-Sein　在一个世界内存在

“in”-Sein（In-Sein）　“在”之中

je　每一个

jetzig　现在的

jetzt　现在

jetztsein　现在的存在

je-Verweilen　在每一场合中的逗留,片刻逗留

jeweilen　当下各自

jeweilig　当下各自的,此时此地的

Jeweiligkeit　当下状态

jeweils　当下各自

kairologisch　契机学的

kundgeben　使知道,告知

Lebensnähe　接近生活

Man　常人

man selbst　人本身

Mask　面具

maskieren　掩饰

Meinen　意义

Mensch　人,人类

Menschsein　人的存在

Mitdaseiende　共同此在者

mitgehen　同去,同行

Mitlebende　共同生命者

mitteilen　通知,告知

Mitwelt　共同世界

mitweltlich　在共同的世界中

Moglichsein　能在

Motiv　动机,缘由

motivieren　对……说明理由,说明……的动机

nachgehen　追求

Nachgehen　追求,探讨

nächste　最切近的

Neugier　好奇

Nichtweglaufen　停驻，不跑开

Niemand　无人

Offensein　敞开的存在

offentlich　公开的，公众的，公共的

Offentlichkeit　公众状态

offnen　敞开

ontisch　存在者层次上的

ontologisch　存在论上的

ordnen　归类，秩序

Ordnung　归类，秩序

Phänomenologie　现象学

phänomenologisch-kritischen Destruktion　现象学的批判的解构

präsent　在场

Präsenthaben　当下拥有

präsentieren　使在场，使出现

Präsentsein　在场存在

Präsenz　在场

Räumlichkeit　空间性

Rede　话语

richten（auf）　指向

Richtung　方向

Sache（selbst）事情（本身）

Seiendes　在者

Sein　存在

Sein in einer Welt　在一个世界中存在

Sein-in-einer- Welt　在一个世界中存在

Seinscharakter　存在特征

seinsmaßig　以存在的方式

Selbstauslegung　自身解释，自我解释

Selbstbegegnung　自身遭遇，自身相遇，自身照面

Selbstprasentation　自身在场，自我在场

Selbstverstandigung　自身理解，自我理解

Selbstverstandlichkeit　不言自明性

Selbstwelt　自身世界，自我世界

Sicherheit　可靠性，确定性

Sichselbstdahaben（Sich-da-haben）　在此拥有自身

Sichselbsthaben　拥有自身

Sich-verdecken　自我掩盖，自我遮蔽

So-dasein　如此此在

So-da-sein　如此—此—在
Sorge　操心
Sorgen　操心
Sorglosigkeit　无操心状态
So-Sehen　如此这般地看
Sosein　如此存在
Sprung　跳跃
Stand　位置
Standpunkt　立场，观点，看法
Standpunktfreihei　无立场状态
stellen　置于
Stellung　设置
Stil　风格
Tendenz　倾向
überall-und Nirgendsein　无处不在又无处在
urn　周围，周遭
Urn（urn）　周围，周遭
Umgang　打交道，交道，交往
umgrenzen　划界，限定范围
Umhaftes　周围性，周遭性
Umwelt　周围世界
um-zu　作某某之用，为……缘故
umsicht　寻视，环视
unabgehoben　未凸显的
Unberechenbarkeit　不可预料性，不可估量性
unmittelbar　直接
Unterwegs(sein)　在途中
unverborgen　去蔽的
Ursprung　本源，源始
urspriinglich　本源的，源始的，源初的
Urspriinglichkeit　本源性，本源状态，源始性，源始状态
Verborgenes　遮蔽
verdecken　掩盖
Verdeckung　掩盖
Verfall　沉沦
verfolgen　跟踪，追求
Verfolgen　跟踪，追求，探寻
vergegenwartigen　使当前化，呈现
Vergegenwartigung　当前化，呈现
Verhalten　行为，举止，态度
Vermeinen　意想
vernehmend　觉知的
verstehen　理解，领会
Verstehen　理解，领会

Vertrautheit　熟悉状态
verwahren　真实地保存
Verweilen (bei)　逗留
Verweisung (Verweis)　指引,指示
verweisen　指引
Verweisungszusammenhang　指引联系,指引关系
vollziehen: to actualize　实现,实施,执行
Vollzug　实行,实施,执行
Vor-begegnen　预先遭遇,预先相遇,预先照面
Vorgriff　先把握
Vorhabe　先有
vorhalten　把……持于面前
vorhanden　现成的
Vorhandenheit　现成状态,现成性,现成在手状态,在手状态
(im) vorhinein　预先
vorkommen　出现
Vorschein　显露
Vorsicht (auf)　先见
Vor-sorge　预先操心
Vorsprung　向前跳跃
Vorstellung　表象,表现
wach　觉醒的,醒悟的
Wachsein　觉醒状态,醒悟状态
Was　什么
Weg　道路
Weile　短时间,片断
Weise　方式,样式
Weisung　指示
Welt　世界
Weltdasein　世界此在
Weltdasein-Sein　世界此在的存在
weltliches Dasein　世界的此在
Wie　如何,方式
Wofür　为了何,何所为
Womit　何所随
Worauf　何所向
Woraufhin　何所向
woraus　来由,来自何,基于何
Woraus　来由,来自何,基于何
Wozu　用于何,何所用
Zeit　时间,时代

zeitigen　到时

Zeiagung　到时,到时过程

Zeitlichkeit　时间性

zueignen　占有,居有

Zug　牵引

Zugang　通达,通路

Zugehen　走向

zuhanden　上手

Zu-handen-da-sein　上手此在

Zuhandenheit　上手状态

Zuhandensein　上手存在

Zukunft　未来,将来

zumeist　大多,多半

Zumeist　大多,多半

zunächst　首先,最切近

Zunächst　首先,最切近

Zunächst als Zumeist　首先而又通常

Zunächst und Zumeist　首先与通常

Zunächst und Demnächst　首先和大多

Zusammenhang　关系,联系

汉—德术语对照表

把……持于面前　vorhalten

把握，掌握　erfassen

把握，抓住　ergreifen

把握，抓住　festhalten

保存，保留　Bewahren

被操劳的存在　Besorgtsein

被操劳者　Besorgtes

被揭示状态　Entdecktheit

被解释状态　Ausgelegtheit

本己的，自己的　eigen

本己性　Eigenheit

本源，源始　Ursprung

本源的，源始的，源初的　ur-spriinglich

本源性，本源状态，源始性，源始状态　Urspringlichkeit

本真的　eigentlich

本真性　Eigentlichkeit

表达　Ausdruck

表达的　ausdriicklich

表达的存在　Ausdrucksein

表象，表现　Vorstellung

表征，刻画　charakterisieren

辩证法　Dialektik

不可预料性，不可估量性　Unberechenbarkeit

不言自明性　Selbstverstandli-chkeit

操劳　besorgen

操劳　Besorgen

操劳　Besorgnis

操心 Sorge
操心 Sorgen
曾在 Gewesensein
拆解 Abbau
拆解 abbauen
常人 Man
敞开 offnen
敞开的存在 Offensein
沉沦 Verfall
出发点 Ausgang
出现 vorkommen
此 da
此 Da
此的特征，此之特征 Da-Charakter
此在 Dasein
此在 dasein
此—在，此之在，在此 Da-sein
此在者 Daseiendes
从事 betreiben
从事 Betreiben
存留 erhalten
存在 Sein
存在论上的 ontologisch
存在特征 Seinscharakter
存在者层次上的 ontisch
打交道，交道，交往 Umgang
大多，多半 zumeist
大多，多半 Zumeist
道路 Weg
到时 zeitigen
到时，到时过程 Zeiagung
当前 Gegenwart
当前的 gegenwartig
当前化 gegenwartigen
当前化，呈现 Vergegenwartigung
当下的，此时此地的 jeweilig
当下各自 jeweilen
当下各自 jeweils
当下拥有 Präsenthaben
当下状态 Jeweiligkeit
动机，缘由 Motiv
逗留 Verweilen (bei)
逗留，停留，滞留 Aufenthalt
逗留于，栖居于，滞留于 Aufhalten (bei)
短时间，片断 Weile
对……说明理由，说明……的动机 motivieren
对象存在 Gegenstandsein

发展,形成　ausbilden
发展,形成　Ausbildung
方式,样式　Weise
方向　Richtung
风格　Stil
跟踪,追求　verfolgen
跟踪,追求,探寻　Verfolgen
公开的,公众的,公共的　offentlich
公众状态　Offentlichkeit
共同此在者　Mitdaseiende
共同生命者　Mitlebende
共同世界　Mitwelt
观察　betrachten
关联,牵涉　Bezug (auf)
关涉存在　Bezogensein (auf)
关系,方面　Hinsicht
关系,联系　Zusammenhang
规定,确定　bestimmen
规定,确定　Bestimmung
规定的,确定的　bestimmt
规定性,确定性　Bestimmtheit
归类,秩序　ordnen
归类,秩序　Ordnung
好奇　Neugier
何所随　Womit
何所向　Worauf
何所向　Woraufhin
划界,限定范围　umgrenzen
话语　Rede
基本经验　Grunderfahrung
焦虑,忧虑　Bekümmerung
焦虑的,忧虑的　bekümmert
教化意识　Bildungsbewußtsein
接近生活　Lebensnähe
揭示　entdecken
解构　destruiern
解构　Destruktion
解构的　destruktiv
解释,阐释　auslegen (auf)
解释,阐释　Auslegung
解释,说明　Explikation
解释方向,阐释方向　Auslegungsrichtung
解释自己,解释自身　(sich) explizieren
今日　Heute
今日的　heutig
今天,今日　heute
经受,坚持　aushalten
纠缠　Aufdringlichkeit

居持 behalten
觉醒的,醒悟的 wach
觉醒状态,醒悟状态 Wach-sein
觉知的 vernehmend
开端,开始 Ansatz
看 Blick
看视倾向 Blicktendenz (auf)
可靠性,确定性 Sicherheit
空间性 Räumlichkeit
来由,来自何,基于何 woraus
来由,来自何,基于何 Woraus
理解 auffassen
理解,见解,看法 Auffassung
理解,领会 verstehen
理解,领会 Verstehen
立场,观点,看法 Standpunkt
历史 Geschichte
历史性 Geschichtlichkeit
历史学 Historie
忙碌,喧闹 Betrieb
每一个 je
面具 Mask
陌生的东西,异样的东西 Frerndes
目的、意图 Absicht
能在 Moglichsein
平均的 durchschnittlich
平均状态 Durchschnittlich-keit
栖居的存在,寓于此的存在 dabeisein
栖居的存在,寓于此的存在 Da-bei-sein
契机学的 kairologisch
牵引 Zug
倾向 Tendenz
去蔽的 unverborgen
让遭遇,让相遇,让照面 be-gegnen lassen
人本身 man selbst
人,人类 Mensch
人的存在 Menschsein
日常 Alltaglich
日常状态 Alltäglichkeit
如此存在 Sosein
如此此在 So-dasein
如此—此—在 So-da-sein
如此这般地看 So-Sehen
如何,方式 Wie
上手 zuhanden
上手此在 Zu-handen-da-sein

上手存在 Zuhandensein
上手状态 Zuhandenheit
设置 Stellung
什么 Was
审视,观看 hinsehen (auf)
审视,观看 Hinsehen (auf)
生存 Existent
生存论性质,生存论环节 Existenzialien
生存上的,生存状态上的,生存中的 existenziell
实际的,实际性的,事实的,事实性的 faktisch
实际性,事实性 Faktizität
实际性的解释学 Hermeneutik der Faktizität
时间,时代 Zeit
时间性 Zeitlichkeit
实现,实施,执行 vollziehen: to actualize
实行,实施,执行 Vollzug
使当前化,呈现 vergegenwartigen
使在场,使出现 präsentieren
使知道,告知 kundgeben
适当的 angemessen
世界 Welt
世界此在 Weltdasein
世界此在的存在 Weltdasein-Sein
世界的此在 weltliches Dasein
事情(本身) Sache (selbst)
视位 Blickstand (Blickstellung)
视线 Blickbahn
视向 Blickrichtung auf
视野 Blickfeld
视域 Gesichtsfeld
视域 Horizont
收入眼帘 Im-Blick-halten
守持,持守 Halt
守持,持守 (sich) halten
首先,最切近 zunächst
首先,最切近 Zunächst
首先而又通常 Zunächst als Zumeist
首先与通常 Zunächst und Zumeist
首先和大多 Zunächst und Demnächst
熟悉,通晓 (sich) ausken-

nen
熟悉状态　Vertrautheit
诉求,提到,谈起　Ansprechen
特征　Charakter
跳跃　Sprung
停驻,不跑开　Nichtweglaufen
通达,通路　Zugang
通知,告知　mitteilen
同去,同行　mitgehen
投入,参与　Einsatz
投入,参与　einsetzen
突出、显露　abheben (erheben, herausheben)
突入　drangen (aufdrängen, hereindrängen)
脱落　Abfall
畏　Angst
为此此在　Da-für-dasein (Dafur-sein)
为此存在　Da-zu-sein
未来,将来　Zukunft
为了此　Dafür
为了何,何所为　Wofür
未凸显的　unabgehoben
位置　Stand
无操心状态　Sorglosigkeit
无处不在又无处在　Überall- und Nirgendsein
无逗留的,无家可归的　aufenthaltslos
无立场状态　Standpunktfreiheit
无人　Niemand
物　Ding
物的此在　Dingdasein
习惯,习俗　Gewohnheit
先把握　Vorgriff
先见　Vorsicht (auf)
先有　Vorhabe
闲谈,闲言　Gerede
显露　Vorschein
显示　Anzeigen
(形式)显示　(formale) Anzeige
显示的　anzeigend
现成的　vorhanden
现成状态,现成性,现成在手状态,在手状态　Vorhandenheit
现象学　Phänomenologie
现象学的批判的解构

phänomenologisch-kritischen Destruktion
现在 jetzt
现在的 jetzig
现在的存在 jetztsein
相应的,相当的,适当的 entsprechend
向前跳跃 Vorsprung
形式 Gestalt
形式显示,形式指引 formale Anzeige
行为,举止,态度 Verhalten
寻视,环视 umsicht
询问 befragen (auf)
掩盖 verdecken
掩盖 Verdeckung
掩盖,遮蔽 aufdecken
掩饰 maskieren
眼下瞬间 Augenblick
以存在的方式 seinsmaßig
意味着,含义是 bedeuten
意想 Vermeinen
意义 Meinen
意蕴,意义 Bedeutsamkeit
意蕴的,意义的 bedeutsam
意指 be-deuten
拥有自身 Sichselbsthaben
涌现 Aufgehen
用于此 Dazu
用于何,何所用 Wozu
预先 (im) vorhinein
预先操心 Vor-sorge
预先遭遇,预先相遇,预先照面 Vor-begegnen
寓于 bei
寓在 bei Sein(Sein bei)
运动,活动,变动 Bewegtheit
运动,活动,变动 Bewegung
在场 präsent
在场 Präsenz
在场存在 Präsentsein
在此拥有自身 Sichselbstdahaben (Sich-da-haben)
在共同的世界中 mitweltlich
在每一场合中的逗留,片刻逗留 je-Verweilen
在—世界中—存在 in-der-Welt-sein
在途中 Unterwegs(sein)
在一个世界内存在 lnnerhalb-einer-Welt-Sein
“在”一个世界中存在 “in”

einer Welt Sein
在一个世界中存在　In-einer-Welt-Sein
在一个世界中存在　Sein in einer Welt
在一个世界中存在　Sein-in-einer- Welt
在者　Seiendes
“在”之中　“in”-Sein（In-Sein）
遭遇，相遇，照面　begegnen
遭遇，相遇，照面　Begegnen
遭遇，相遇，照面　Begegnis
遭遇，相遇，照面　Begegnung
遭遇的，相遇的，照面的　begegnend
遭遇者，相遇者，照面者　Begegnendes
展开状态　Erschlossenheit
占有　Besitz
占有，居有　zueignen
占有，占为己有　Aneignen
占有的　aneignend
占有，占为己有　Aneignung
遮蔽　Verborgenes
真实地保存　verwahren
证明，证实　ausweisen
直观，直觉　Anschauung
直接　unmittelbar
指示　Anweisung
指示　Weisung
指向　richten（auf）
指引　verweisen
指引，指示　Verweisung（Verweis）
指引联系，指引关系　Verweisungszusammenhang
滞留　（sich）aufhalten
置于　stellen
周围，周遭　urn
周围，周遭　Urn（urn）
周围世界　Umwelt
周围性，周遭性　Umhaftes
追求　nachgehen
追求，探讨　Nachgehen
追问状态　Fraglichkeit
自身解释，自我解释　Selbstauslegung
自身理解，自我理解　Selbstverstandigung
自身世界，自我世界　Selbstwelt

自我在场　Selbstprasentation

自身遭遇，自身相遇，自身照面　Selbstbegegnung

自我掩盖，自我遮蔽　Sich-verdecken

自在　Ansch(An-sch)

总是此在　Immerdasein

总是如此存在　Immersosein

走向　Zugehen

最切近的　nächste

作某某之用，为……缘故　um-zu

作为什么　als was

译后记

2001 年,我在美国伊利诺依大学(UIUC)做访问学者期间就接触到了海德格尔的这本书并萌生了翻译它的念头,之所以如此,首先是基于一种专业的考虑:这个讲座在西方解释学史的转型上具有重要的意义,它对于我们更深入地理解海德格尔的思想开端、源流、伽达默尔同海德格尔之间的关系以及伽达默尔本人的思想(解释学、实践哲学)都极有帮助。

受张志扬教授的影响,早在 20 世纪 80 年代初、中期我就开始接触到西方解释学,并逐步为它本身的哲学深刻的意义和广泛的适应性所吸引,但真正从事这个方面的专业研究则是在 1993 年师从杨祖陶先生做博士论文的时候。15 年来,随着对解释学探讨的不断加深,我越来越感到,研究海德格尔不研究伽达默尔相对可以,研究伽达默尔不研究海德格尔绝对不行!伽达默尔的许多思想都直接来自于他的老师,这个“源”和“流”的关系搞不清楚,势必会影响对解释学本身的理解和领会的深入。

20 世纪末,海德格尔早期著作的陆续编辑出版,它引发了国外学术界对海德格尔早期思想的关注,促进了海德格尔思想研究的深入和发展。国内有北京大学靳希平教授的力作《青年海德格尔的思想研究》最先对此作出了积极的回应，它以深厚的功底、扎实的分析就这个问题发出了中国人自己的声音，所取得的成就令人钦佩，然而可能是由于时间划段的原因，作者对海德格尔弗莱堡早期最后几年（1919—1923 年）最具意义的思想几乎没有涉及，倒是后来张祥龙教授的著作《海德格尔传》、孙周兴教授编译的《形式的现象学：海德格尔早期弗莱堡文选》在一定程度上弥补了这个缺憾，也代表了中国学术界在这一领域的推进。不过如果只从一般的存在论现象学，而不着重深入到解释学里面去，对海德格尔早期思想的理解仍然是有限的。就此而言，我们面临的任务还很多。

当然首先要做的基础工作无疑是翻译，所以当两年前人民出版社的洪琼编辑约稿时，我就毫不犹豫地报了这本书，版权问题也顺利地得到了解决，但由于诸多杂事的干扰，直到 2007 年我才开始下定决心全力以赴来做这项工作，不过这中间仍有无法摆脱的事情让我分心，所以时断时续，致使这个篇幅不大的翻译工作一直拖到现在。

当然也还有另一个原因，由于这个讲义海德格尔生前并没有想到要去发表，所以里面不少句子未经打磨，有的很“破碎”、很粗糙、不完整、不连贯，甚至不合习惯，不少地方使用了一种纲要式的语言，思想跳跃性很大，有些标点符号打得也不合常规，这给译者的理解和翻译带来了不小的困难和麻烦，进度想快也快不起来。不过海德格尔的思想一生都处于探索、实验和不确定的状态中，他始终强调的是“道路”而非“著作”，已发表的著作只不过是思想进程的“路标”，这些不尽完善的文字恰恰体现了他的风格，留下了一个作为真正的“思者”（Denker）探寻的足迹，有时似乎让你感到他不是一个重博雅的知识分子，倒更像一个与大地贴得非常近的“农民”（当然他耕耘的不是泥土，而是思想），这反倒让曾当过知青的我萌生出一种莫名的亲切感。

翻译尤其是学术翻译本来就是一件苦差事，吃力不讨好，在一定的意义上讲，我们是在“译”不可译，“翻”不可翻，尤其是海德格尔的作品。对于这位擅长“文字游戏”的思想大师来说，不进入他的母语——德语——是根本理解不了的，即使根据再好的英译本也仍然有一种“隔”的感觉，这只要通过两者的对照便不难发现。

冯·洪堡在1796年7月23日致德国著名语文学家奥·施莱格尔的信中说：

在我看来，所有的翻译都只不过是试图完成一项无法完成的任务，任何译者都注定会被两块绊脚石中的任何一块所绊倒：他不是贴原作贴得太紧而牺牲本民族的风格和语言，就是贴本民族特点贴得太紧而牺牲原作。介乎两者之间的中间路线不是难于找到，而是根本不可能找到①。

这话似乎讲得过于是悲观，但的确道出了译事之难，难就难在这个度不好把握，这也是译者在做翻译时常有的困惑。

伽达默尔本人一向对翻译持不信任态度，因为语义不是“平面”，而是“立体”，从整体上讲，翻译只能译“平面”，不能译“立体”。两种不同语言的转换，往往会在语义的“平面”上达到契合，而在语义的“立体”上发生错位。由于每一个语词都类似莱布尼兹所谓的“单子”，都是一个独立的、丰富的世界，因此具有不可译性。曾影响过施莱尔马赫误解的普遍性思想的弗·施

① 转引自孙迎春主编：《译学大词典》，中国世界语出版社1999年版，第509页。

莱格尔说，“任何理解都是非理解”就涵盖这个意思。

以上这些大师都讲得不无道理，尽管令人沮丧。不过让译者聊以自慰的是，真正好的翻译在于引导读者去阅读原著，而不是代替原著。这对于研究者来说更是如此。研究西方哲学必须是双语式的，单语式肯定不行，路子就不对，不纯正，在专业的圈子中很难建立起一种信任感（当然在圈子之外另当别论），这其中就包含有中西比较。

我们只能寄希望于尽可能去建立正确的“语义场”。其实，我们学习西方哲学（包括西方哲学史）无非是在建立一种语义场，我们应以语义场的对应去理解西方哲学，而不是囿于中文的固有语义去附会，否则只会南辕北辙、缘木求鱼。如此看来，真正的理解实际上也包含有海德格尔早期所谓的现象学的解构。

然而，这种语义场的建立还是离不开双向统一或视阈融合的翻译（转换）。我之所以将英译者的后记作为附录收入本书，除了想帮助读者领会原文外，还有一个重要原因就是我很认同他所谈到的翻译观，这种翻译观是符合哲学解释学的基本精神的，也是符合人文科学思想的继承与创新的路子的，而且也体现了海德格尔一贯的做派和风格。

中国近代自严复以来向有翻译讲求信、达、雅的说法。然而对于我辈而言，“雅”就免了，能基本做到前两条就不错了。“信”当然是前提，无信一切都谈不上，而要“信”就必须将翻译与研究结合起来，不能为翻译而翻译，翻译应当充分体现和反映学界的研究水平和现状。“达”我现在更强调辞达而已矣，不太过于重修辞（尤其是译了海德格尔这个讲座后）。但我还是要求自己在翻译中尽力去遵循一个原则，那就是译文应假定原作者（如康德、黑格尔、海德格尔、伽达默尔等）通中文且具有与原语言相同的水平，虽然这只是一种理想，但这最低限度是一种对可读性的要求，即必须要尽可能符合中文的表达习惯和应有的顺畅，否则译犹未译，起不到翻译的作用。我们现在经常看到比原文还难懂的译文，翻了几页，就让人难以为继、望“文”兴叹了。

记得杨绛先生说过，翻译无非是“隔靴搔痒”，“融靴”是免不了的，关键在于是否“搔”到“痒处”。它包括“信”和“达”两个方面，而在这两方面我只能说是尽了自己的努力，但实际上还相差甚远，在此恳请读者批评指正。

本书译自德文版[*Ontologie*(*Hermerneutik der Faktiztät*)，*Gesamtausgabe*，Band 63，Vittorio Klostermann，1995]，参照了英文版(*Ontology——Hermeneutics of Facticity*，Indiana University Press，1999)。需要补充说明一下，“Faktizität”这个词在汉语学术界主要有两种译法：一是“实际”、“实际性”(如熊伟、陈嘉映、王庆节、张祥龙、靳希平、孙周兴等)；另一个是“事实”、“事实性”(如张汝伦、王炜、洪汉鼎以及许多港台学者)。其实，无论从海德格尔的本义、伽达默尔的解释，还是汉语表达的顺畅方面来看，我个人一直倾向于译成“事实”或“事实性”，只是后来在翻译的过程中遇到了文句的贯通和避免不必要的混淆的麻烦，最后才迫不得已选择了“实际性”这个译法。

再一个要说明的是，中文版的标题没有按照德文版来译，即《存在论(实际性的解释)》，而是从英文版将其译成《存在论——实际性的解释学》，主要是为了兼顾海德格尔这个讲座的本义和审美要求的统一。既然海德格尔将他所理解的“存在论”(本体论)看成就是“实际性的解释学”①，那么这样译我觉

---

① 参见海德格尔：《存在论——实际性的解释学》，德文版，第3页。

得更好，虽然未达到“形似”，但却更“神似”，更贴近海德格尔的原义。

至于德文版中所出现的希腊文和拉丁文译者主要参考了英文版的译法，由于德文版给出的注释过于简略，译者根据我国读者的需要酌情补充了英文版的一些注释和自己的注释，而译者的带有解说性的注释则尽可能采取用海德格尔来解释海德格尔的方式，也就是采取海德格尔其他著作的相关说法来加以对照、印证（Parallelismus）。后面的术语对照表，德文版没有，也主要参考了英文版，但作了取舍，去掉了一些烦琐、意义不大的词条，增加了少量英文版没有但译者认为有必要的术语。海德格尔本人不喜欢别人为他的著作做索引，但从学术发展的需要上看这是不可能的。

本译文的第二部分参考过孙周兴教授的翻译①，我的博士生刘一协助我制作了后面的汉—德术语表，在此致谢！最后，我也要感谢人民出版社的责任编辑洪琼先生对这件译事的热情支持和积极推动。

何卫平

2008年9月24日子夜改毕于

武汉大学珞珈山南麓

2008年圣诞节日最后修定于

德国海德堡大学

---

① 海德格尔：《形式显示的现象学：海德格尔早期弗莱堡文选》，孙周兴编译，同济大学出版社2004年版，第126—157页。

责任编辑:洪 琼

图书在版编目(CIP)数据

存在论:实际性的解释学/[德]海德格尔 著;何卫平译.
-北京:人民出版社,2009.6
ISBN 978-7-01-007817-5

Ⅰ.存… Ⅱ.①海…②何… Ⅲ.海德格尔,M.(1889~1976)-存在主义-哲学思想 Ⅳ.B086 B516.54

中国版本图书馆CIP数据核字(2009)第038858号

存在论:实际性的解释学

CUNZAI LUN SHIJI XING DE JIESHI XUE

[德]海德格尔 著 何卫平 译

人民出版社 出版发行
(100706 北京朝阳门内大街166号)

北京龙之冉印务有限公司印刷 新华书店经销

2009年6月第1版 2009年6月北京第1次印刷
开本:710毫米×1000毫米 1/16 印张:13
字数:150千字 印数:0,001-3,000册

ISBN 978-7-01-007817-5 定价:35.00元

邮购地址 100706 北京朝阳门内大街166号
人民东方图书销售中心 电话 (010)65250042 65289539

原书名：Ontologie：Hermeneutik der Faktizität

原作者：Martin Heidegger

本书根据维多里奥·克劳斯曼出版公司（Vittorio Klostermann，1995）1995 年版的《海德格尔全集》第 63 卷译出

著作权合同登记:01－2008－0448